**BANCA 4.0
REVOLUÇÃO DIGITAL:**
Fintechs, blockchain, criptomoedas,
robo-advisers e crowdfunding

BANCA 4.0
REVOLUÇÃO DIGITAL:
Fintechs, blockchain, criptomoedas, robo-advisers e crowdfunding

2019

Paulo Alcarva

ACTUAL

TÍTULO ORIGINAL:
Banca 4.0. Revolução Digital: Fintechs, blockchain, criptomoedas, robo-advisers e crowdfunding

© Paulo Alcarva e Conjuntura Actual Editora, 2018.

AUTOR
Paulo Alcarva

Direitos reservados para todos os países de língua portuguesa por

CONJUNTURA ACTUAL EDITORA
Sede: Rua Fernandes Tomás, 76-80, 3000-167 Coimbra
Delegação: LEAP CENTER – Espaço Amoreiras - Rua D. João V, n.º 24, 1.03
1250-091 Lisboa – Portugal
www.actualeditora.pt

REVISÃO
Inês Castelhano

CAPA
FBA

PAGINAÇÃO
João Félix – Artes Gráficas

IMPRESSÃO E ACABAMENTO:
DPS – Digital Printing Services

dezembro, 2019
DEPÓSITO LEGAL
445028/18

Toda a reprodução desta obra, por fotocópia ou qualquer outro processo, sem prévia autorização escrita do Editor, é ilícita e passível de procedimento judicial contra o infrator.

 GRUPOALMEDINA

BIBLIOTECA NACIONAL DE PORTUGAL – CATALOGAÇÃO NA PUBLICAÇÃO
ALCARVA, Paulo

Banca 4.0. Revolução digital: fintechs, blockchain, criptomoedas,
robo-advisers e crowdfundig. – (Gestão)
ISBN 978-989-694-301-1

CDU 338

Para a Marta, Rita e Xana

It is not the strongest that will survive, nor is it the most intelligent; but the most adaptive to change.

Charles Darwin

A previsão é muito difícil, especialmente sobre o futuro.

Niels Bohr

ÍNDICE

INTRODUÇÃO	15
1. DESTRUIÇÃO CRIATIVA: O DIGITAL	23
1.1. Da economia do produtor à do consumidor	24
1.2. A economia criadora	28
2. A REVOLUÇÃO DIGITAL DO SISTEMA FINANCEIRO	35
2.1. Os bancos e a vanguarda tecnológica	37
2.2. A banca «omnichannel»: a primeira fase da revolução digital	45
2.3. O digital e o «customer empowerment»	49
2.4. Fintechs: taxonomia de uma revolução	51
2.5. Alavancar a revolução: parcerias, externalização e modelo SaaS	57
2.6. O fator «millennials»	62
3. AS TECNOLOGIAS DISRUPTORAS	65
3.1. Blockchain e tecnologia DLT: a internet do valor	66
3.2. Artificial intelligence/machine learning/advanced data analytics	73
3.3. Cloud computing	77
4. ECONOMIA «PEER-TO-PEER» (P2P)	81
4.1. As criptomoedas: o universo das altcoins	83
4.1.1. Bitcoin: como funciona?	84
4.1.2. Bitcoin: é dinheiro?	87
4.1.3. Bitcoin: é um ativo?	89

4.2. As criptomoedas e os bancos comerciais 92
4.3. As criptomoedas e os bancos centrais 94
4.4. Criptomoedas: o fim do dinheiro físico? 97

5. MEIOS DE PAGAMENTO E TRANSFERÊNCIAS:
   A ECONOMIA «CASHLESS» 101
   5.1. Da transação independente a uma rede independente
        de transações 105
   5.2. Pagamentos eletrónicos 108
        5.2.1. Pagamentos móveis 110
        5.2.2. Pagamentos/transferências por blockchain 112
   5.3. Identificação biométrica e pagamentos «contactless» 121
   5.4. A liberalizadora diretiva PSD2 123

6. FINANCIAMENTO E «FUND RISING» DIGITAL 127
   6.1. Crédito alternativo: p2p 129
   6.2. Economia colaborativa 133
        6.2.1. Financiamento não bancário clássico 134
        6.2.2. Crowdfunding 139
   6.3. Initial Coin Offering (ICO) e crédito blockchain 142
   6.4. Plataformas integradas de crédito 144
   6.5. Sindicatos bancários e securitização? 146
   6.6. Risco de crédito, pricing e solvabilidade na era da IA 149

7. GESTÃO DE PATRIMÓNIOS E MERCADO DE CAPITAIS 153
   7.1. Mercados de capital globais 154
        7.1.1. «Trading» algorítmico: para além da negociação
               de alta frequência 155
        7.1.2. A blochain no mercado de capitais 160
   7.2. Gestão de património digital: os robo-advisors 162

8. A BANCA DE RETALHO NA BANCA 4.0 167
   8.1. Novos canais 168
        8.1.1. Modernização e digitalização dos bancos incumbentes 168
        8.1.2. Banco virtual: ibanks e neobanks 169
        8.1.3. Plataformas virtuais 172
   8.2. Balcões: a morte anunciada? 175

8.3. Produtos bancários modulares	178
8.4. Banca «paperless»	182
8.4.1. A abertura de conta sem atritos	183
8.4.2. O processamento de crédito na hora	185
9. SEGURANÇA NA ERA DIGITAL	189
9.1. Identidade digital	190
9.2. Cibersegurança	193
9.3. Regtech	197
BIBLIOGRAFIA	201

Introdução

1

Fintechs. Blockchain e tecnologia DLT. Inteligência Artificial e Machine Learning. Big Data e Advanced Analytics. Cloud Computing. «Bitcoin» e outras criptomoedas. Cibersegurança e regtech. WCM e CRM — Web Content & Customer Relationship Management. E-Commerce e E-Marketplaces. SEO e SEA — Search Engine Optimization/Advertising Social Media. Content & Mobile Marketing. Web Analytics.

Todas estas palavras e expressões são alguns exemplos dos conceitos que dão corpo à profunda transformação que as economias estão a conhecer: a quarta revolução industrial, a da economia digital, revolução que consiste na fusão de métodos correntes de produção com os mais recentes desenvolvimentos na tecnologia de informação e comunicação, e que se tem desenvolvido a um ritmo frenético, impulsionado pela tendência de digitalização da economia e da sociedade. Está garantida, desde já, a sustentação tecnológica desta revolução, graças a sistemas inteligentes e interligados que permitem que pessoas, máquinas, equipamentos, sistemas logísticos e produtos comuniquem e cooperem diretamente entre si.

Fruto da digitalização da sociedade e das diferentes indústrias, o cliente final é hoje mais informado e conectado ao ter acesso a uma oferta global. Este fenómeno gera um ambiente mais competitivo, mas com oportunidades para as empresas mais bem preparadas. Ao dispor das empresas estão tecnologias inovadoras que transformam a relação com o cliente final, os trabalhadores e entre empresas. O recurso às tecnologias disponíveis e uma abordagem focada no cliente ditam o sucesso do tecido empresarial na adaptação aos desafios dos mercados atuais. Contudo, verdade seja dita, para as pessoas e empresas, o banco não mudou assim tanto nas últimas décadas. Das conta-correntes às contas poupança, dos cartões de crédito ao crédito hipotecário, «consumimos» os produtos/serviços prestados pelos bancos praticamente da mesma maneira que nossos pais o fizeram. Por outro lado, outras indústrias conheceram mudanças disruptivas e extremas; por exemplo, o transporte urbano de pessoas é radicalmente distinto devido à Uber, enquanto a Airbnb mudou completamente a forma como passamos a escolher os locais de férias. Esta transformação (ainda) não aconteceu com a mesma força no setor bancário, mas há cada vez mais sinais que indicam a transformação de todo o modelo de negócio, dando origem a uma banca diferente: a Banca 4.0.

O negócio bancário, aliás, foi quase sempre vanguardista no desenvolvimento, adaptação e implementação de sistemas inovadores, pelo que não podia ficar de fora deste processo revolucionário. Sinal disso mesmo é o seu contributo para a economia digital com conceitos idiossincráticos, como é o caso das fintechs, dos finserv e (ainda que não de sua exclusiva responsabilidade) das criptomoedas.

Os bancos estão a mudar para sempre. Tal como aconteceu com a Encyclopædia Britannica e com a rede de aluguer de vídeos Blockbuster (e não, o problema não está no facto de estes exemplos começarem pela letra «B»), também os bancos estão a sofrer com o mesmo desafio coletivo, que resulta do facto de a indústria ter sido construída à volta de um modelo de distribuição específico e ter a necessidade de se adaptar a um novo contexto quando esse modelo deixou de ser relevante ou, pelo menos, decisivo.

A inércia de quem se mantiver arreigado aos processos existentes e aos sistemas de distribuição tradicionais vai ter um custo bem alto. É compreensível a resistência, pois é preciso um árduo planeamento e capacidade de previsão para se poder reformar/reposicionar os negócios em torno desses mecanismos profundamente disruptivos. E, mesmo assim, a vitória não está assegurada, pois, na maior parte dos casos das revoluções tecnológicas, a mudança relança novas empresas dominantes. A título de exemplo, quem imaginaria que um dos maiores vendedores de livros do mundo seria atualmente a Apple e a Amazon? E isso aconteceu não devido à capacidade de publicação ou distribuição dessas empresas, mas à alteração da forma como os livros são comprados e lidos. É tudo uma questão de mudança do comportamento humano.

Neste contexto, quando continuamos a ouvir declarações de intenções de mudança, mas muito pouca ação no sentido de adaptar os bancos a esta revolução digital, é porque os banqueiros não estão a ver o «big picture» da mudança comportamental. Falando de uma forma ainda mais clara, os cheques e os TPA (máquinas de pagamento automático) vão acabar, o dinheiro físico vai deixar de circular, os pontos de venda vão ter de se adaptar a uma lógica de venda sensorial e de experiência, os «social media» reforçarão a sua posição como modelo de distribuição — e capazes de gerar ROI —, a digitalização de processos de gestão e venda associada à customização dos produtos será a pedra angular do negócio bancário. E não vale a pena afirmar que nem todos os clientes querem/sabem utilizar a banca eletrónica e que ainda há tempo para se adaptarem à revolução digital: desse lado estarão claramente os perdedores.

2

A tecnologia está a transformar os fluxos de trabalho e os processos no setor dos serviços financeiros. Várias tarefas que têm sido realizadas através da intermediação do papel-moeda, da interação humana e de sistemas informáticos volumosos são agora realizadas inteiramente através de interfaces digitais. A rutura que a tecnologia está a processar no setor financeiro é enorme.

As implicações desta transformação tecnológica fazem-se sentir em quase todos os tipos de atividades financeiras, desde os sistemas de pagamentos aos serviços bancários online, passando pela gestão de patrimónios, concessão de crédito e captação de capital. As instituições financeiras são agora obrigadas a encontrar uma forma de desenvolver novas plataformas, que vai muito para além de fazerem meros «upgrades» das infraestruturas existentes; por outro lado, as «start-ups» financeiras, em associação com os incumbentes ou a explorarem autonomamente novos segmentos de mercado, estão obrigadas a dimensionar os seus negócios enquanto enfrentam uma maior regulamentação e políticas de governança.

A fronteira tecnológica do setor financeiro define-se em três oportunidades: *i)* aumentar a eficiência com a «Internet das coisas» (IoT); *ii)* oferecer uma melhor experiência ao cliente através da Inteligência Artificial (IA); *iii)* desenvolver e potenciar a plataforma blockchain.

Para melhor compreender o comportamento do cliente e fornecer serviços mais personalizados, as instituições financeiras estão a implementar dispositivos IoT à sua base de clientes; por exemplo, algumas companhias de seguros, para o produto seguro automóvel, estão a fornecer dispositivos de rastreamento que os clientes colocam no carro e, desta forma, o seguro pode ser customizado em conformidade com o efetivo potencial de risco de sinistro do cliente. Esta abordagem fará com que clientes e empresas financeiras obtenham benefícios tangíveis.

Perante o reconhecimento de vários bancos da incapacidade dos seus sistemas e aplicativos aferirem o grau de conveniência e satisfação do cliente, estão a ser implementados vários pontos de captação de informação para serem trabalhados por sistemas baseados em IA, para aprimorar a experiência do cliente. A IA aprenderá sobre os hábitos de consumo do cliente, por exemplo, ao rastrear e analisar as transações dos seus cartões. Com base nesses dados, os bancos ficam mais capazes de planear o seu orçamento e de criar uma oferta personalizada, ao mesmo tempo que ajudará na conexão com os sistemas internos para fornecer rapidamente o acesso aos dados certos ou para inserir informações do cliente; além disso, a IA conversacional no setor bancário também é usada na prevenção de fraudes, pois pode ser programada para monitorizar e reconhecer sinais de alerta de atividades fraudulentas e enviar notificações.

Finalmente, nota para a tecnologia blockchain. O foco principal desta tecnologia é fornecer relações transparentes e confiáveis entre os participantes numa rede, sem a necessidade de ter uma monitorização centralizada. A sua implementação levou ao desenvolvimento de aplicações transformadoras no setor de serviços financeiros: as capacidades de processamento de transações em tempo real blockchain estão a acelerar a validação e finalização dessas transações, permitindo pagamentos instantâneos; a eliminação da necessidade de intermediários, criando uma rede descentralizada, está a reduzir drasticamente os custos de transação.

Apesar do trabalho considerável que tem sido feito recentemente na área da economia «peer-to-peer», na IA e na IoT, a maior parte das tecnologias e soluções para acesso a informação do mundo real continuam ainda fechadas.

Nesse sentido, os esforços vanguardistas do sistema bancário e financeiro em geral são passos importantes na direção certa na definição de uma arquitetura IT centrada nas pessoas, que vai para além de dispositivos, tecnologias, serviços e entidades; e, por outro, de desenvolver um conjunto de blocos, middleware e/ou serviços que possam ser utilizados para construir aplicações orientadas para as pessoas de uma forma aberta e mais efetiva, numa variedade de domínios. A blockchain é, dentro deste princípio da democratização tecnológica, uma nova tecnologia excitante que pode revelar-se uma inovação disruptiva, em tudo semelhante a outras tecnologias, como a máquina a vapor e a Internet, que desencadearam revoluções industriais anteriores, e com o poder de alterar os modelos económicos e empresariais existentes.

A tecnologia dos «blocos-em-cadeia» possui o potencial de proporcionar ganhos de produtividade para várias indústrias, desde logo no setor financeiro, com a sua capacidade de proporcionar desintermediação, melhorar a transparência e aumentar a auditabilidade, conduzindo a uma redução significativa dos custos de transação, introduzindo maior eficiência nas cadeias de valor existentes, desafiando os modelos de receitas e abrindo novos mercados.

No entanto, importa relevar que a tecnologia está ainda numa fase embrionária de desenvolvimento e com desafios e riscos pela frente, tanto técnicos quanto regulatórios, que precisam de ser resolvidos antes de alcançar uma adoção generalizada. De facto, neste momento mantêm-se questões sobre a sua escalabilidade, interoperabilidade, segurança, custos de transição, privacidade de dados e governança.

3

Num momento em que o setor financeiro recupera o fôlego, depois de passar por um longo período turbulento, os bancos estão a adaptar-se a um mercado diferente — um mercado que recompensa o controlo de custos e a gestão de riscos, mas que também oferece novas oportunidades de crescimento. Acresce, no meio desta alteração de paradigma do negócio, a necessidade imperiosa que o setor financeiro tem de atrair uma nova geração de clientes, habituados à tecnologia, que esperam e exigem melhores serviços e mais conveniência, incluindo um acesso fácil a canais de comunicação na Web e móveis — o efeito «millennials».

Este é um importante fator indutor que faz com que um maior número de bancos modernize os seus processos essenciais de negócio, oferecendo níveis extraordinários de serviço e eficiência, desde a abertura de contas sem transtornos até ao processamento de empréstimos com rapidez e de acordo com as normas regulamentares, ao mesmo tempo que reduz consideravelmente os custos operacionais.

A mentalidade dos «millennials» é também a força motriz para a concretização das principais tendências para a transformação digital do setor financeiro, em que a adaptabilidade é mais vital para o sucesso do que nunca e é crescente a importância da experiência do cliente. Tudo isto num quadro em que a inovação deve acontecer rapidamente, de advento da realidade aumentada e da realidade virtual, de interfaces de programas de aplicação (API), big data e computação analítica.

O telemóvel/«smartphone» veio mudar tudo. Os clientes vivem num mundo «always-on» e orientado por aplicativos, obrigando a que o acesso a informações e à possibilidade de concretizar negócios, sem fricção, seja entregue 24 × 7 nos vários pontos de contacto entre as partes. Nesta «era do cliente» é fundamental captar a sua atenção e impressioná-lo desde o início, pelo que a velocidade e racionalização das interações iniciais são decisivas. O cliente é cada vez menos benevolente com os processos manuais, lentos e propensos a erros.

Sejam, por isso, bem-vindos ao admirável mundo novo, que está a transformar o modelo de negócio de todo o setor financeiro.

O fator custo é o principal pilar do novo paradigma, com os clientes a serem atraídos pelo «ultralow cost», com os produtos ou serviços a serem vendidos a clientes com margens ultrabaixas ou mesmo sem qualquer custo, num ambiente com poderosas ferramentas de comparação de preços, criando uma maior transparência e escolha para os consumidores, e leilões invertidos, em que os vendedores, através de um mecanismo de leilão, devem fazer o melhor preço para os compradores. A nova tecnologia trouxe com ela o «pricing» baseado no consumo/utilização.

Como referido atrás, trata-se também da era da soberania do cliente, do «customer empowerment» a eliminar os intermediários desnecessários e de criação de valor através da personalização (customização). O cliente bancário do futuro vai exigir um serviço instantâneo para produtos digitais e com fricção reduzida, o que torna inevitável a digitalização/automação de processos de negócios, simplificando a experiência de compra.

INTRODUÇÃO

Todo o ecossistema vai estar em mutação, pois não basta ter a própria oferta organizada para competir, passando a ser necessário construir um ambiente para que outros possam criar valor para si mesmos. As formulações «crowdsourcing» vão ganhar escala, explorando a diversidade da contribuição como uma ferramenta competitiva, na valorização de plataformas alternativas «comunitárias», para a criação de conexões entre indivíduos e grupos para seu benefício mútuo. A ligação é o valor.

Paulo Alcarva
Março de 2018

1
Destruição criativa: o digital

O conceito de «destruição criativa» foi proposto por Joseph Schumpeter, em 1942, mas, mais do que nunca, parece ganhar um crescente sentido neste nosso tempo, em que os modelos económicos com que nos viemos a reger parecem estar cada vez mais desajustados.

A destruição criativa sintetiza os constrangimentos relacionados como a evolução da atividade económica, onde ciclicamente um produto ou uma tecnologia substitui o anterior, tornado obsoleto, e, por conseguinte, para que o novo seja incorporado no mundo empresarial ou na sociedade, há sistemas ou processos que têm de ser substituídos. Ou seja, para que uma inovação ocorra, algo tem de deixar de existir.

Sendo um conceito criado para explicar o papel da inovação e a necessária substituição de processos, a destruição criativa aplica-se a todas as áreas, incluindo, claro está, o sistema financeiro e bancário. A grande diferença agora é a velocidade com que a mudança se está a processar, para além do ritmo registado há cerca de 20 anos, quando se falou pela primeira vez na influência da tecnologia informática sobre a economia, então denominada de «Nova Economia». Nesses idos anos de passagem de século surgiram em catadupa várias empresas tecnológicas — as «dotcom» —, que abriram o caminho à destruição criativa que agora estamos a viver, independentemente de muitas delas não terem subsistido ao rebentar da «bolha» bolsista e à crise financeira de 2007/08.

Aquele foi o momento que posfaciou esta fase de transição, que marcará o nosso futuro nas próximas décadas. Temos, por isso, o privilégio de estar a viver o «ground zero» de uma revolução extraordinária.

A economia organiza-se desde tempos imemoriais à volta de desafios, de novos desafios, tentando responder a necessidades crescentes dos consumidores, que se confrontam com o facto de os recursos serem limitados. Os saltos para à frente na resolução desta equação são dados por via da inovação tecnológica, que altera os modelos económicos e cria produtos completamente novos, quer reais quer virtuais, e em última instância modificam a nossa forma de viver e de trabalhar. Ou seja, primeiro inventamos a tecnologia e depois utilizamos essa mesma tecnologia para nos reinventarmos, como indivíduos e no cúmulo das unidades enquanto sociedade.

1.1. DA ECONOMIA DO PRODUTOR À DO CONSUMIDOR

Nos primeiros anos da Revolução Industrial a grande necessidade passava por produzir bens, sobretudo multiplicar os bens correntes cujo método não industrial de produção tornava escassos; pelo que o grande desafio dos primeiros industriais do século XIX e início do século XX passava por produzir bens, que não fossem excessivamente caros, para suprir as necessidades de uma classe média e trabalhadora em forte crescimento.

Deste modo, este período temporal da história foi dominado pela denominada «Economia Produtiva», onde os esforços económicos foram integralmente direcionados para a sistematização da produção e para a organização do trabalhado e do capital, por forma a superar o desajustamento entre a escassez dos recursos face às necessidades crescentes do mercado de consumo.

A imagem mais emblemática desse período de massificação da produção é a do automóvel modelo *T*, de Henry Ford, que estava disponível em qualquer cor, desde que fosse preta; mas em contraposição podia ser comprado pelo preço de quatro salários mensais de um norte-americano médio, o que o tornava acessível a um número muito elevado de clientes.

A economia do produtor foi escalando com os ganhos de produtividade, atingindo o seu pico em plena Segunda Guerra Mundial, quando a economia dos Estados Unidos conseguiu produzir por mês um máximo de oito porta-aviões e um novo avião a cada 15 minutos. A economia industrial atingia o seu zénite do ponto de vista de capacidade de produção, erigida à volta de uma estrutura organizacional e logística com elevados níveis de eficiência.

O taylorismo e o fordismo são as teorias económicas que melhor sistematizam estes princípios de organização do trabalho, por forma a atingir níveis de eficiência que permitissem a produção em massa a baixos custos.[1]

Todavia, o processo tornou-se tão eficiente que o seu sucesso acabou com o domínio dessa mesma economia. Ou seja, no pós-guerra, os industriais mantiveram de tal forma os mesmos níveis de eficiência na produção dos bens correntes como a que haviam aplicado ao armamento, que a oferta rapidamente superou a procura e os consumidores deixaram de responder com o mesmo ritmo a essa tremenda massificação industrial. Contudo, ao contrário do que seria previsível, não se entrou num longo período recessivo, isto porque os industriais conseguiram adaptar-se à nova realidade. Souberam ler uma máxima da teoria dos modelos de crescimento económico: todo o excesso que é criado gera uma nova escassez que tem de ser suprida, dando origem a alterações no paradigma de crescimento e na relação entre produtores e consumidores.

A economia produtiva tinha alcançado o objetivo de suprir a necessidade dos consumidores em terem acesso a uma base de bens considerados essenciais para a manutenção de um estilo de vida, mas agora colocava-se um novo desafio: o de suprir os «desejos» dos clientes para além do essencial. O «desejo» do consumidor passou a ser a nova escassez, a que a economia havia de responder. O desafio deixou de ser a produção de bens para responder às necessidades dos consumidores, mas a produção de bens que apelassem ao consumo por parte dos clientes, criando nos consumidores o desejo para comprar. O modelo T de Ford já não podia ficar pela cor preta.

---

[1] O taylorismo teoriza sobre a especialização do trabalho. A teoria foi criada pelo engenheiro norte-americano Frederick W. Taylor (1856-1915), que a desenvolveu constatando que os trabalhadores deveriam ser organizados de forma hierarquizada e sistematizada; ou seja, cada trabalhador desenvolveria uma atividade específica no sistema produtivo da indústria (especialização do trabalho). No taylorismo, o trabalhador é monitorizado segundo o tempo de produção e cada indivíduo deve cumprir a sua tarefa no menor tempo possível, sendo premiados aqueles que sobressaem. Dando seguimento à teoria de Taylor, Henry Ford (1863-1947) desenvolveu a sua organização industrial baseada na criação da linha de montagem.

Assim, nos primeiros anos pós-Segunda Guerra Mundial, a economia do produtor, a economia industrial da massificação, deu lugar à economia do consumidor, em que no centro das atenções deixaram de estar os trabalhadores e os industriais, mas o consumidor, a pessoa que compra os bens que são produzidos. Como símbolo dessa transição e da imposição do novo paradigma encontra-se a criação do cartão de crédito como hoje o conhecemos, nos anos 50, nos Estados Unidos, surgindo como um veículo para as pessoas cumprirem os seus desejos de consumo, mesmo que no imediato não tivessem o dinheiro suficiente para tal.

Nesta economia do consumidor, o trabalhador passa de elemento central a ser o suporte deste novo modelo económico, enquanto a gestão mudava para um perfil de empresário focado nas vendas e no marketing, em contraposição à logística de produção. Os industriais não desapareceram, aliás, continuaram a ser fundamentais, mas o CEO de qualquer empresa, industrial ou não, só se conseguia impor se fosse primordialmente um excelente vendedor e marketeer. Ou seja, continuava a ser preciso produzir bens, mas quem passou a liderar a economia foram os empresários que conseguiam vender «desejos».

Neste processo o aparecimento e a massificação da televisão foi um fator--chave para o desenvolvimento desta economia do consumidor. O *glamour* da televisão veiculava na perfeição o sentido de criar o desejo de consumir; de consumir não as coisas já existentes (um novo fogão, frigorífico, automóvel) mas novos produtos, alguns deles futuristas, na maior parte dos casos completamente irrelevantes e, sobretudo, não essenciais.

Num momento único na nossa história, a economia do consumo continuou a criar valor e riqueza, gerando novos e cada vez mais fortes interesses para consumir, enquanto a indústria ia ficando cada vez mais eficiente na produção desses bens desejados. A fórmula do sucesso estava encontrada e entrou numa espiral de crescimento de longo prazo, alimentada pelo consumo com recurso a crédito. Até que atingiu um ponto tão alto (tão endividado) e... quebrou. Esse pico da economia do consumidor e a sua quebra estão cristalizados no tempo: uma sexta-feira, 21 de novembro de 2008, com o «crash» bolsista e o início da crise financeira. Mas como hoje parece ser claro como água, foi mais do que um «crash» no mercado de capitais, foi o fim de uma longa era e de um paradigma económico. A economia do consumidor caiu como consequência do seu sucesso, tal como a economia da produção havia caído com o sucesso da sua estratégia de crescimento.

Do pós-crise financeira ficou o ensinamento que a economia deixou de poder ser indeterminadamente alavancada, pelo que não é sustentável acreditar que os consumidores podem alimentar o crescimento económico através de um consumo indefinido. Assim, com a crise financeira entra-se numa fase nova e absolutamente não familiar, em que o consumidor também se transformou numa coisa nova: o «leitmotiv» do crescimento já não é produzir coisas em quantidade nem é liderar a produção com base no «desejar» coisas, mas antes o estabelecimento de um compromisso com os fatores de produção e desafiar-se com uma ideia permanente de inovação. E, decorrente desta mudança, o ator central nesta nova economia passou a ser o empreendedor, o criador (não necessariamente criativo), o inovador.

A economia criadora nasceu, assim, com o fim da economia do consumidor, onde o «criador» é o antigo consumidor passivo, que deixou apenas de desejar consumir e passou a afetar tempo a criar aquilo que deseja consumir. E tal como a economia do consumo tinha sido empurrada pelo combustível chamado televisão, uns «mass media», esta nova economia tem outros «tycoons» a liderá-la, os «social media» representados pelo YouTube, eBay, Facebook, Wikipédia, Twitter, Google. Estas são as empresas da economia criadora.

Estas empresas têm um modelo de negócio completamente distinto das empresas da economia produtiva e do consumidor, pois a maior parte dos serviços que prestam pretendem estabelecer uma ligação afetiva com

FIGURA 1: Evolução das maiores empresas do mundo por capitalização bolsista

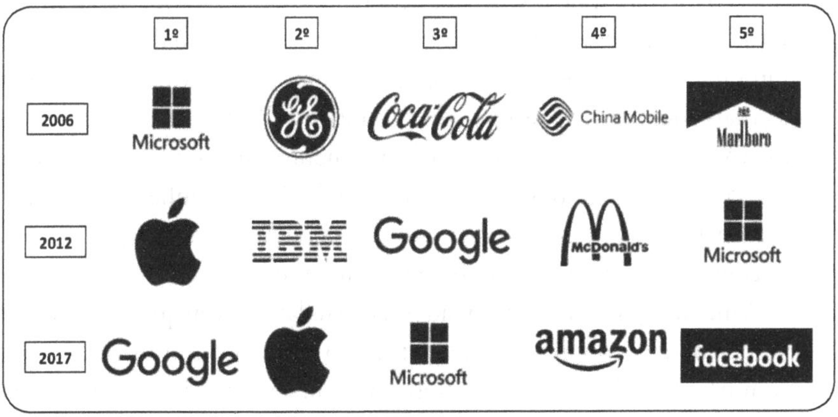

	1º	2º	3º	4º	5º
2006	Microsoft	GE	Coca-Cola	China Mobile	Marlboro
2012	Apple	IBM	Google	McDonald's	Microsoft
2017	Google	Apple	Microsoft	amazon	facebook

Fonte: Bloomberg

o cliente e são gratuitos; ou pensamos que são, pois na verdade têm um preço, que é pago com uma «moeda» que não valorizamos, a informação, e por isso torna-se uma estratégia «win-win».

Concretizando, por exemplo, quando pesquisamos o quer que seja no Google, só nos preocupamos com a resposta que pretendemos e não com a pergunta que fizemos, e o que a Google quer é precisamente a nossa pergunta e dar uma resposta que nos satisfaça e nos faça voltar uma e outra vez. Esta é a essência da economia criadora.

A participação em massa tornou-se o novo normal. O produto é barato ou mesmo gratuito. O *status* advém da criação. O valor é criado pelo compromisso, desde as entradas da Wikipédia às consultas que fazemos no Google para serviços como a Airbnb e a Uber.

1.2. A ECONOMIA CRIADORA

Não haja qualquer dúvida de que estamos diante de uma nova era quando falamos em consumo. Os mais metafísicos acreditam que entrámos numa fase na qual nos preocupamos mais com os impactos que as nossas ações implicam e quais são os valores que vamos deixar para as gerações vindouras, enquanto os mais otimistas afirmam que estamos a chegar ao fim de uma era individualista e está-se a dar um passo decisivo em direção a uma sociedade mais colaborativa e sustentável.

John Howkins definiu esta nova economia criadora, considerando-a como «o conjunto de atividades que resultam de indivíduos exercitando a sua imaginação e explorando o seu valor económico. Ou seja, pode ser definida como todos os processos que envolvam criação, produção e distribuição de produtos e serviços, onde é usado o conhecimento, a criatividade e o capital intelectuais como principais recursos produtivos». Trata-se de um conceito muito próximo do da «economia do conhecimento», utilizado pela primeira vez por Peter Drucker como «o uso das tecnologias do conhecimento para produzir benefícios económicos, bem como a criação de emprego».

A economia criadora está também diretamente ligada às nossas necessidades. À medida que essas necessidades são mais latentes ou que se procuram novas soluções, a economia criadora entra no processo de criação de valor com um papel fundamental para oferecer recursos inovadores. Na medida em que as economias mundiais se tornaram cada vez mais competitivas e produtivas, a chave do seu sucesso económico passou a ser a capacidade de inovar e as competências individuais do empreendedor/criador. Hoje, a grande diferença entre produtos e serviços de sucesso e aqueles que não têm êxito é um bom *design* e estratégias de marketing, tanto nos processos como dos produtos, alicerçadas sempre em tecnologia inovadora.

O uso geral de técnicas e tecnologias de manufatura significa que os processos produtivos trabalham exclusivamente em função dos custos da mão-de-obra, mas como nos demonstra a globalização, as fábricas e as indústrias inteiras podem ser transferidas para locais onde o trabalho seja mais barato ou mais abundante; por isso, o fator indutor do sucesso económico tem de surgir antes da cadeia de valor, no ato criativo de imaginar e projetar o produto ou serviço. Neste estágio, o custo da mão-de-obra não é tão importante quanto a qualidade do pensamento criativo, ou seja, conseguir resultados positivos num processo de manufatura em grande escala é tendencialmente mais fácil (necessita de capital), e por isso não muito valioso, mas obter bons resultados num processo inovador é relativamente difícil e, portanto, mais valioso.

Como se viu atrás, durante a maior parte da história económica o ingrediente fundamental das economias foi o trabalho humano. Na era industrial do último século e meio foi o dinheiro, ou seja, o capital. Agora, na era da informação do século XXI é o talento, a imaginação, a habilidade e o conhecimento, ou seja, o empreendedorismo aliado à inovação. Assim, sem surpresa vemos que nos países mais desenvolvidos o investimento em bens intangíveis, como os recursos humanos, as bases de dados, os processos e a tecnologias, superam os investimentos em ativos corpóreos, como prédios e máquinas, sendo que a diferença entre os dois é cada vez maior. No livro *The Creative Economy*, John Howkins afirma mesmo que «as pessoas que possuem ideias são mais poderosas do que as pessoas que trabalham com as máquinas e, em muitos casos, mais poderosas do que pessoas que são donas das máquinas».

A criatividade e a inovação permanente são processos disruptivos, que questionam os limites e os pressupostos estabelecidos. E o que os define é a ligação entre o livre fluxo das ideias criativas com as realidades práticas da vida económica, isto é, a capacidade de avançar de uma forma sistemática e um método de fazer as coisas para outro. A criatividade impulsiona a inovação e a inovação impulsiona mudanças. A inovação constante de produtos, processos e métodos é a regra e não a exceção.

Uma das características mais evidentes desta economia criadora é que os indivíduos e as empresas colaboram tanto quanto concorrem entre si. Trata-se de uma economia que é mais de alianças do que de hierarquias. A capacidade dos novos produtores em se reunirem informalmente em escolas ou incubadoras de ideias, ou formalmente no contexto das redes de profissionais ou online, gera um clima que exponencia a inovação. A interconectividade online implica que não só os empresários, mas também os consumidores e o público em geral transmitem informações valiosas e oferecem *feedback* para as empresas.

De facto, uma das mudanças mais revolucionárias no mundo online ocorreu com o nascimento de um novo relacionamento entre produtor e consumidor: o paradigma que dominou a economia nos últimos cem anos passou por se estabelecer numa relação na qual o cliente aprende a acreditar na empresa a quem compra; no mundo online o paradigma é exatamente o contrário, onde a empresa que vende o produto ou serviço é que deve aprender a confiar no cliente e, assim, captá-lo e reforçar o relacionamento para o fidelizar.

As redes sociais, os blogues e o e-mail fornecem aos clientes um *feedback* constante dos produtos/serviços e de uma maneira mais «real» e familiar do que os oferecidos pelos profissionais. Criou-se uma «hierarquia de influência» no mundo online que alterou profundamente a dinâmica dos mercados, onde o «boca a boca online» se tornou o meio mais confiável de publicidade, enquanto o apelo das massas passou a ser a melhor ferramenta para que as empresas aprendam através dos próprios erros, mudem e cresçam. Esse «crowdsourcing» permite que o cliente estabeleça um valor ao produto ou serviço e promove entre as empresas a ideia de ver os clientes como indivíduos em vez de os ver como uma massa indiferenciada.

As tecnologias digitais criaram uma espécie de «segunda economia» (para não lhe chamar impudicamente «paralela»), virtual e autónoma, não assente em trabalhadores humanos auxiliados por meios tecnológicos, mas em algoritmos e máquinas da economia virtual. Os processos empresariais e financeiros estão a transformar-se em enormes bibliotecas de dados e funções inteligentes, que aumentam constantemente a produtividade e, pouco a pouco, estão a tornar as atividades humanas obsoletas.

A economia chegou a um ponto em que produz o suficiente (ainda que de forma desequilibrada) para todos. Então, esta nova era já não se foca na produção (isto é, quanto é produzido), mas antes numa economia da distribuição, ou seja, na forma como as pessoas partilham o que é produzido.

Neste momento, ainda estamos no início desta mudança, mas esta será de tal forma profunda e impactante, que se desenvolverá indefinidamente no futuro próximo. Acresce que o momento presente não é o princípio desta economia digital, que verdadeiramente arrancou nos anos 70 e 80, quando surgiram os primeiros circuitos integrados sob a forma de pequenos processadores e memória em microchips. A partir daí tudo mudou, os engenheiros puderam passar a usar programas de design assistidos por computador e os gestores a rastrear os inventários em tempo real. Tinha chegado a computação pessoal moderna. A segunda onda evolutiva deu-se nos anos 90 e 2000, com a conexão dos processos digitais; ou seja, os computadores interligaram-se em redes locais e globais, via fibra ótica ou transmissão por satélite. A Internet tornou-se uma entidade comercial, surgiram serviços na Web e a «cloud» permitiu a computação partilhada. Tudo de repente passou a estar em contacto com o resto.

FIGURA 2: O vasto mundo da economia digital

A partir desta interconectividade nasceu a verdadeira economia virtual de máquinas, software e processos interligados, onde as ações físicas podem ser executadas digitalmente em grande escala. E é também aqui que a importância da localização geográfica desaparece. Uma empresa de engenharia no Porto pode desenhar o projeto geral de um novo prédio e ter trabalhadores (mais baratos) em Bombaim a elaborar os detalhes desse mesmo projeto, de forma interativa. Tal como uma empresa de calçado em Felgueiras pode monitorizar os fabricantes chineses de componentes para os sapatos que produz e acompanhar os fornecedores em tempo real. A deslocalização disparou, com a produção a concentrar-se onde era mais barato. A globalização chegou em força e, em grande parte, como resultado da conexão dos computadores.

O momento que vivemos, que começou no início desta década, será uma terceira vaga da revolução digital, marcada pelo enorme embaratecimento dos componentes informáticos, que potencia a massificação da digitalização e o seu aprimorar inteligente. E assim obtivemos uma visão computacional, isto é, inteligência artificial, que é muito mais do que uma melhoria da tecnologia digital. Ainda que, neste contexto, IA não signifique pensamento consciente ou raciocínio dedutivo ou compreensão, mas seguramente significa capacidade de fazer associações de ideias e detetar uma situação e agir por reação adequadamente; numa definição de inteligência que se encaixa nos princípios básicos biológicos, em que a inteligência passa pelos conceitos de reconhecer e detetar e usar esses atributos para agir de forma adequada. Os automóveis sem condutor testados pela Tesla e pela Google são a materialização desta IA.

O fator interessante aqui não é a forma de inteligência, mas que a inteligência já não está apenas nos cérebros do *homo sapiens*, tendo passado para a economia virtual através de circuitos elétricos e algoritmos inteligentes. Tornou-se externa. A economia virtual não é apenas uma Internet das coisas, mas antes uma fonte de ação inteligente externa aos trabalhadores humanos. Esta mudança só pode ser equiparada à revolução da máquina de impressão dos séculos xv e xvi, que tirou a informação dos mosteiros e dos seus manuscritos e democratizou-a; o resultado foi uma explosão de conhecimento e o início da Modernidade que o Renascimento anunciou.

Agora, a externalização da inteligência é ainda mais forte, pois a inteligência não é apenas informação, mas algo muito mais poderoso: o uso da informação. O futuro dir-nos-á até onde chegará e que consequências decorrerão destas novas estruturas de inteligência artificial.

No imediato as empresas tecnológicas estão a proliferar esta mudança, criando novos produtos e, sobretudo, novos modelos de negócio. E aqui as empresas tecnológicas financeiras levam vantagem, estando na vanguarda da revolução virtual; por exemplo, hoje já é possível a concessão de crédito no ato da compra através de identificação por voz do cliente via «smartphone»! E tudo isto em segundos! Mas nem tudo são rosas, pois nem os economistas discordam sobre o impacto socioeconómico dos empregos que estão a ser destruídos, questionando-se apenas se serão substituídos por novos empregos. A história económica diz-nos que sim. O termo «desemprego tecnológico» foi pela primeira vez tratado, em 1930, por John Maynard Keynes, numa palestra onde ele previa que no futuro, por volta de 2030, o problema da produção seria resolvido e seria suficiente para todos, mas as máquinas (robôs, pensou ele), gerariam um «desemprego tecnológico». Ainda não estamos em 2030, mas estamos muito perto do «ponto de Keynes», onde, de facto, o que é produzido pela economia, tanto física como virtualmente, chega para todos nós — o PIB *per capita* de Portugal passou de 12 131 euros em 1995 para 22 398 euros em 2016 — e chegamos a um ponto em que o desemprego tecnológico se está a tornar uma realidade.

Vivemos num mundo em que a nova tecnologia emerge e é adotada poucos meses depois de força maciça, em comparação com os anos que levava anteriormente. Tudo está a mover-se muito rapidamente. À medida que mais e mais tecnologia é injetada nas nossas vidas, rapidamente ficamos aclimatados e a nossa aceitação ao aumento do papel que a tecnologia deve desempenhar é reforçada.

É neste contexto criador que todos os setores de atividade que compõem a economia estão já a viver, e o setor financeiro, em geral, e o bancário, em particular, não são exceção.

2
A revolução digital do sistema financeiro

O setor bancário esteve sempre na vanguarda da inovação tecnológica e em permanente mutação na procura de melhores níveis de eficiência e rentabilidade. A grande convulsão que o setor financeiro e bancário tem vindo a registar nos últimos anos é mais um desafio que o setor enfrenta para se autorregenerar.

Hoje em dia, qualquer definição estratégica sobre o negócio bancário só pode ser concretizada se for enquadrada num ambiente de mobilidade, interatividade e adaptabilidade contínua. Tudo isto é concretizado através da desmaterialização da banca convencional de balcão e suporte físico, que crescentemente passará a ser complementada (substituída?) pelas plataformas digitais. A evolução tecnológica dos últimos tempos alterou significativamente a forma como os clientes se relacionam com os seus bancos, prevendo-se que essa transformação sofra uma forte aceleração nos próximos anos, devido, essencialmente, ao forte desenvolvimento da oferta de soluções bancárias através de dispositivos móveis, em particular o telemóvel, e utilizando soluções de comunicação por vídeo.

Mas se este é o presente, o futuro não vai ficar só por aqui, pelo «omnichannel banking», mas estará intimamente relacionado com a revolução disruptiva que as instituições incumbentes e as fintechs estão a construir.

Todo o ecossistema financeiro está em mutação, com os pontos críticos de mudança identificados pelo World Economic Forum expressos sinteticamente na Figura 3.

FIGURA 3: **Forças disruptivas no mercado financeiro**

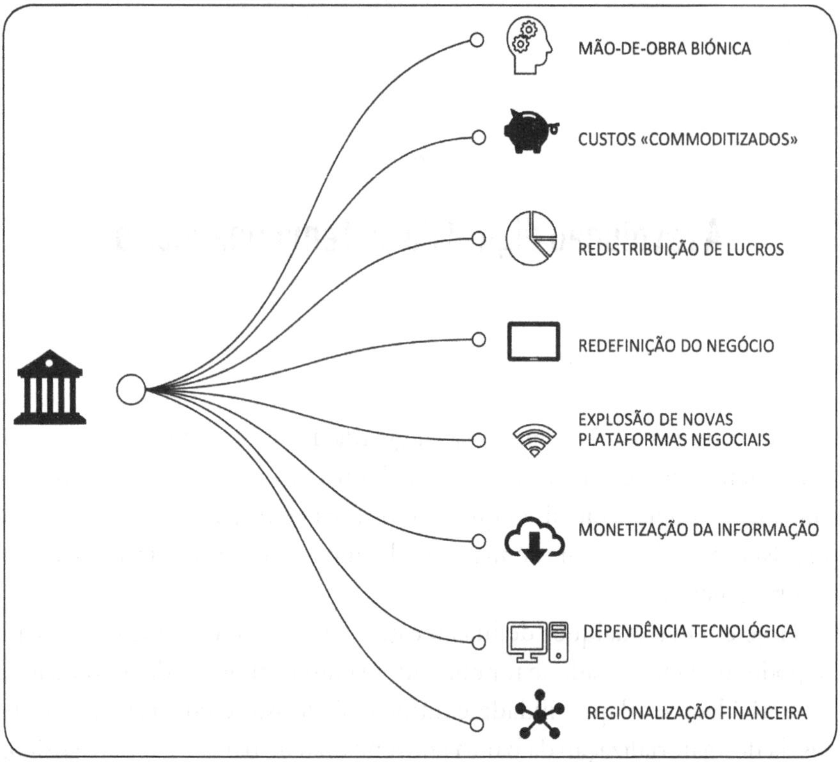

- MÃO-DE-OBRA BIÓNICA
- CUSTOS «COMMODITIZADOS»
- REDISTRIBUIÇÃO DE LUCROS
- REDEFINIÇÃO DO NEGÓCIO
- EXPLOSÃO DE NOVAS PLATAFORMAS NEGOCIAIS
- MONETIZAÇÃO DA INFORMAÇÃO
- DEPENDÊNCIA TECNOLÓGICA
- REGIONALIZAÇÃO FINANCEIRA

Tudo começa pela evolução que se tem registado na capacidade das máquinas para replicar os comportamentos dos humanos, obrigando as instituições financeiras a administrar a mão-de-obra e o capital como um conjunto único de recursos. Esta digitalização das operações financeiras terá um forte impacto nos custos, com as instituições financeiras a acelerar a «comoditização» dos seus custos fixos operacionais, externalizando, eliminando ou reduzindo-os a valores não compatíveis com a sua realização por humanos. Neste contexto, de forte influência da tecnologia, prevê-se que as organizações se reposicionem na cadeia de valor do negócio financeiro, gerando mais lucros e redistribuindo-os a fazer dos acionistas mas também dos clientes; e como não podia deixar de ser, o «poder» transita dos produtores para quem detém a interface com os clientes, ou seja, como já acontece noutras indústrias, o produtor no setor financeiro terá de ganhar escala para ser rentável, enquanto o valor-acrescentado do negócio fica nas mãos dos distribuidores.

Com a margem principal a concentrar-se na entrega do produto ao cliente final, as plataformas que ofereçam uma maior capacidade de envolvimento, capazes de diferenciar as instituições financeiras, tornar-se-ão o modelo dominante para a entrega de serviços financeiros. Por outro lado, com a crescente importância da informação para a diferenciação, os sistemas de tratamento de dados são críticos. Ou seja, as instituições financeiras estarão cada vez mais dependentes de grandes empresas de tecnologia, para adquirir infraestruturas críticas e diferenciadoras.

Finalmente, uma nota para uma tendência que será crescente de «regionalização financeira», decorrente da customização dos clientes e da existência de imposições regulatórias divergentes entre diferentes espaços económicos.

Várias estatísticas mostram que, em todo o setor financeiro, cerca de três quartos dos utilizadores preferem estar online quando se trata de serviços financeiros; mais especificamente, 73% dos consumidores preferem serviços bancários online (desktop ou telemóvel) do que ir ao balcão ou contactar por telefone. Por conseguinte, é essencial que todos os prestadores de serviços financeiros estejam atentos à sua presença online.

Em suma, o que está aqui em causa é a transformação de todo o modelo de negócio dos bancos. E dada a rapidez como o meio envolvente (tecnologia e comportamento dos clientes) se está a transformar, os bancos precisam de continuar (e acelerar) para transformar o seu ADN base.

Claro está que esta revolução não será possível, como se verá mais à frente, sem parcerias e, sobretudo, sem a ação das fintechs.

2.1. OS BANCOS E A VANGUARDA TECNOLÓGICA

Ao longo dos últimos 50 anos, a inovação tecnológica tem sido fundamental para a transformação do setor dos serviços financeiros. De facto, nenhuma outra área de negócio da denominada «velha economia» foi mais diretamente afetada pela tecnologia da informação do que a banca e o sistema financeiro em geral. O próprio dinheiro, a matéria-prima desta indústria, tornou-se digital, tal como os produtos e serviços que suportam o financiamento ao consumidor, desde os cartões de débito/crédito até à gestão de

FIGURA 4: Transformação completa do modelo de negócio

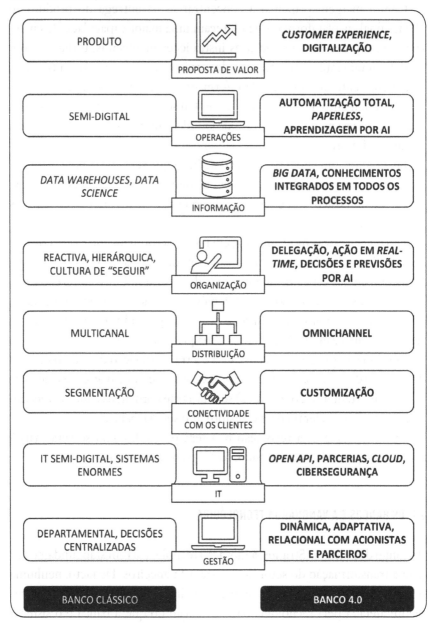

patrimónios. Hoje já é difícil lembrarmo-nos de como era a nossa vida antes das ATM (vulgo multibanco) e dos TPA (as máquinas de pagamento por cartão).

Como evidencia a Figura 5, o desenvolvimento da indústria financeira tem acompanhado de perto a inovação tecnológica. A invenção do semicondutor e do microprocessador permitiu que toda a informação deixasse de estar em suporte físico, para passar gradativamente a assumir uma forma digital até à atualidade «paperless». O armazenamento dessa informação digital em grandes servidores abriu a porta à revolução do cartão de crédito: o crédito deixou o balcão e passou a estar no bolso dos consumidores a todo o momento. Ao mesmo tempo, a criptografia associada à tecnologia das

FIGURA 5: **Tecnologia e sistema financeiro sempre de mãos dadas**

comunicações permitiu o aparecimento dos primeiros sistemas de comunicação seguros intrabancários, cujo exemplo de mais sucesso, e que perdura até aos dias de hoje, é o sistema de mensagens SWIFT.

O aumento da capacidade de processamento informático potenciou a eficiência operacional dos bancos, com estes a operarem ficheiros de informação 24 × 24 horas, através de «batchs» informáticos ao longo do dia e da noite.

A democratização dos computadores pessoais nos idos de 80 automatizou os bancos de uma forma massiva. A rede comercial passou a operar com uma maior independência, pois as áreas centrais passaram a processar remotamente as instruções, o que fez com que a partir desta década os bancos passassem a ser grandes «supermercados financeiros», oferecendo um vasto leque de diferentes produtos e serviços.

O banco deixou definitivamente de se reduzir a um mero fornecedor de dinheiro, ainda que a atividade de concessão de crédito continue a ser a principal atividade desenvolvida pelos bancos e aquela que gera mais valor acrescentado para a economia. Para além dos bancos centrais, os grandes «produtores» de dinheiro nas nossas economias, os bancos comerciais são os grandes criadores de dinheiro, através do crédito bancário concedido às pessoas, às empresas não financeiras ou aos seus pares no negócio. Deste modo, como a maior parte do dinheiro usado hoje em dia é crédito, é indiscutível que os bancos podem influenciar de forma determinante a economia.

Sinteticamente pode-se dizer que o dinheiro é o lubrificante da máquina económica, onde os bancos centrais são os gestores desse dinheiro e os bancos comerciais os intercomunicadores na gestão e distribuição de dinheiro.

Nesta revolução tecnológica todas as atividades bancárias e tipologia de bancos estão no olho do furacão. Nenhuma escapará, pelo que todas serão transformadas sem exceção. A mobilidade global e total através de uma panóplia de «smart devices» tornou possível uma interatividade permanente com o cliente, ao mesmo tempo que colocou definitivamente o banco na casa e nas mãos (literalmente) desses mesmos clientes. A desmaterialização não é só de processos, mas também dos canais de distribuição, o balcão virtual está a substituir a agência física.

Neste ponto da história, a da banca digital, é nos possível «ver» o que se avizinha, fruto dos desenvolvimentos que se estão a alcançar ao nível da identificação biométrica, da tecnologia «blockchain» e da computação cognitiva (IA) e quantum.

A ATIVIDADE BANCÁRIA

Os bancos, tal como qualquer empresa, são o resultado da conjugação do seu próprio contexto interno — combinação de recursos com o objetivo de satisfazer as necessidades dos seus clientes — e o ambiente externo, numa dupla perspetiva de envolvente transacional, onde se verifica a interação direta através de transações, e de envolvente contextual, decorrente das características sociais, económicas, tecnológicas, políticas, legais, éticas e culturais da sociedade onde a empresa se insere.

Nos seus primórdios a banca definiu-se organizacionalmente dentro de uma estrutura simples, onde a organização estava integralmente centralizada no banqueiro/mercador. Só quando o negócio bancário passou a estar dissociado do negócio mercantil é que se impuseram as estruturais funcionais, em que o banco estava organizado com base nas tarefas que tinha de realizar; ou seja, foram criados departamentos em função das tarefas, estanques, rígidos, hierarquizados.

No período da Economia Produtiva os bancos caracterizavam-se, essencialmente, por transformar as poupanças dos aforradores em créditos a conceder a famílias e empresas. Note-se que esta continua a ser a função principal dos bancos — reter poupanças e conceder crédito —, mas que neste período era a única.

O objetivo era fazer chegar dinheiro aos clientes que dele necessitam a partir de clientes que tinha excedentes de dinheiro e estavam dispostos a emprestá-lo. O «banco produtivo» transformava as poupanças em crédito, em que o banco paga um juro (passivo) pelo dinheiro que «compra» e recebe um juro (ativo) pelo dinheiro que «vende».

No pós-Segunda Guerra Mundial, com a internacionalização do negócio bancário e a multiplicação de produtos e serviços, a organização funcional tornou-se obsoleta, incapaz de dar resposta eficiente e rápida às solicitações cada vez mais globais e diversificadas. A estrutura divisional surge num contexto de diversificação de produtos/serviços e de crescimento geográfico do negócio bancário, onde os bancos tiveram de criar departamentos específicos por área geográfica, por produto e (algumas vezes) por cliente.

Criou-se, assim, uma estrutura descentralizada, onde cada departamento são centros de rendimento autónomos e separados, onde a estratégia de médio e longo prazo é ditada pela administração e a gestão de curto prazo é realizada pelos gestores departamentais.

Quando (alguns) bancos se transformam em empresas multinacionais a estrutura divisional revela fraquezas, sobretudo pela incapacidade que evidencia quanto à coordenação global do negócio. Desta limitação surgiu a estrutura matricial, com tomada de decisões descentralizadas de acordo com o espaço geográfico de ação.

Os bancos, com uma natureza mais internacionalizada ou não, tornaram-se grandes estruturas, capazes de oferecer todo o tipo de produtos e serviços financeiros. Deste modo, paulatinamente os bancos passaram de desempenhar uma única função económica para quatro, pois para além da captação de poupanças e concessão de crédito, passaram a intermediar serviços financeiros, a gerir plataformas de pagamentos e a desempenhar atividades de «trading» de propriedades. Transformaram-se em «bancos universais».

Seja qual for a dimensão e estádio de evolução, a função económica dos bancos pode-se resumir em quatro grandes atividades:

- Transformação de poupanças em crédito;
- Intermediação como prestadores de serviços;
- Plataforma de pagamentos;
- «Trader» de propriedades.

A principal atividade é indiscutivelmente a de fazer chegar dinheiro aos clientes que dele necessitam a partir de clientes que têm excedentes de dinheiro e estão dispostos a emprestá-lo. O banco capta poupanças e remunera-as a uma taxa de juro (passiva) e concede crédito remunerando-se a uma taxa de juro (ativa). A diferença entre estes dois juros resulta na primeira margem financeira que sustenta o grosso dos resultados operacionais dos bancos.

A intermediação engloba todas as atividades desenvolvidas pelos bancos na prestação de serviços financeiros aos seus clientes. Essas atividades são remuneradas através de comissões, que constituem a segunda margem financeira da conta de exploração dos bancos. A atividade de intermediação, por sua vez, organiza-se em quatro grandes blocos: «brokerage»; gestão de ativos; fusões e aquisições (M&A)/emissão e tomada de valores mobiliários; e custódia.

A atividade de «broker» passa pela compra e venda de um conjunto imenso de produtos financeiros — por exemplo, obrigações, ações, papel comercial, divisas ou derivados —, executando as transações nos respetivos mercados financeiros. A gestão de ativos centra-se no serviço de gerir os fundos dos seus clientes para exponenciar a sua rentabilidade. A custódia é uma atividade fundadora dos bancos, onde este se dispõe a guardar ativos a pessoas ou empresas; se alguns desses ativos, dada a sua materialidade física, exigirem a guarda em cofre, outros ativos desmaterializados — mormente os valores mobiliários — são custodiados digitalmente, passando o serviço bancário pelo reporte às entidades de supervisão e gestão dos mercados financeiros. Finalmente, o serviço de M&A é um exemplo perfeito de intermediação negocial, onde o banco assessora e executa ações de compra e venda dadas por empresas.

Retomando o elencar das principais atividades dos bancos, importa sublinhar a de plataforma para processamento de pagamentos, permitindo que o dinheiro flua de forma segura e rápida entre as partes.

Dentro da atividade de «asset trading» encontra-se, sobretudo, a especulação e a geração de mercado. A primeira passa pela compra de produtos financeiros com a expectativa de obtenção de preços futuros mais elevados ou pela venda com a expectativa futura de preços mais baixos; por sua vez, o «market-making» é uma atividade de grandes volumes de «trading», com a compra e venda em grandes quantidades e frequência de ativos financeiros, com a expectativa de ganhos na diferença entre os preços de compra («bid price») e de venda («offer price»).

Enformados por estes tipos de grandes atividades podemos encontrar vários tipos de bancos a atuar. Os bancos retalhistas («retail banks») são os mais abrangentes, pela transversalidade da sua zona de ação, que atua diretamente junto do cliente particular e de pequenas empresas, com contas-poupança e conta-correntes, na concessão de crédito, passando pelos serviços de pagamento e brokerage. Em contraposição, o «wholesale bank» está vocacionado para servir médias e grandes empresas, que exigem serviços financeiros mais complexos em comparação com aqueles que são requeridos em média pelos clientes dos «retail banks».

Os «private banks» estão focados na gestão de grandes fortunas. Os bancos de investimento elegem como principal atividade a captação e/ou aumento de capital para os seus clientes, através da emissão de ações (capital próprio), obrigações (dívida) e produtos híbridos; outra atividade fulcral é a assistência aos seus clientes em processos de M&A, que pode passar, entre outros serviços, pela avaliação de empresas e estruturação financeira, fiscal e legal da operação.

> Todos estes tipos de bancos podem viver em separado, mas, tendencialmente a partir das décadas de 80/90 passadas, começaram a aglutinar-se em grandes bancos universais.
> À margem da atividade regulada dos bancos ou com um nível de regulação menos assertiva, encontram-se os «shadow banks», como são exemplos os fundos mutualistas, os «hedge funds» e, de certa forma, os próprios bancos de investimento quando constroem veículos de securitização, através dos «special investment vehicles» (SPV). Ao contrário dos bancos, os «shadow banks» não captam depósitos que estão ao abrigo dos esquemas de proteção contra a falência dos bancos, mas também não se financiam junto dos bancos centrais.
> A falta de regulação, logo, de transparência, a escala alcançada pelos «shadows banks» esteve indiscutivelmente na base da crise financeira de 2008. O facto de a atividade de «shadow banking» ser desenvolvida também por bancos regulados, correlacionando as duas dimensões do negócio bancário, exponenciou o efeito que desestabilizou todo o sistema financeiro. Como corolário, hoje pode-se afirmar que o sonho libertário da autorregulação terminou com estrondo na crise de 2008.

Vários fatores estão a convergir ao mesmo tempo para tornar este um momento-chave para o desenvolvimento em larga escala de serviços financeiros para toda a tipologia de consumidores. Em primeiro lugar, os identificados avanços tecnológicos e a reestruturação do setor financeiro pós-crise estão a facilitar a mudança, voltada para distribuir produtos mais personalizados para um número mais abrangente de clientes; por outro lado, o mercado convencional dá claros sinais de saturação do modelo, ainda muito fechado em volta dos grandes operadores, enquanto o «negligenciado» mercado de menor património financeiro apresenta-se como um alvo vasto, interessado e potenciador de uma maior rentabilidade.

A mudança tecnológica está a criar novas oportunidades, rentáveis, «ao fazer o mercado funcionar» para a globalidade dos clientes.

2.2. A BANCA «OMNICHANNEL»: A PRIMEIRA FASE DA REVOLUÇÃO DIGITAL

A transformação digital representa o desafio de entendermos o quão disruptiva é a tecnologia digital e o quanto já está a afetar a experiência do cliente... e mudar a forma como as empresas precisam de passar a fazer o seu negócio.

A primeira grande transformação tecnológica do sistema bancário data de meados da década de 80 do século passado e teve origem no aparecimento do Internet Banking, com a tentativa de as entidades do setor bancário oferecerem aos seus clientes serviços processados com a ajuda de meios eletrónicos. Em outubro de 1994 surgiu o primeiro esboço pelo pioneiro Stanford Federal Credit Union, que tirou partido da expansão das telecomunicações em rede e da Internet para quebrar as barreiras da distância e possibilitar a alternativa de realizar online diversas operações.

FIGURA 6: Estrutura de distribuição «omnichannel»

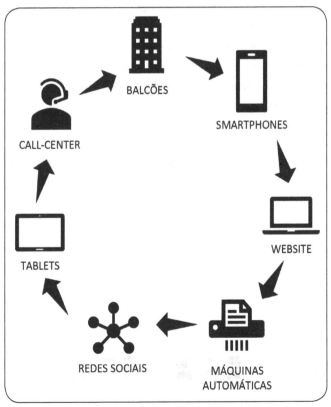

Desde então, o conceito de «e-banking»/«homebanking» alargou-se a qualquer atividade bancária efetuada com recurso a meios tecnológicos de informação, aplicando-se tanto a nível interno como externo às organizações. E, enquanto dentro dos bancos tem essencialmente funções estruturais, junto dos clientes é uma espécie de banco de acesso instantâneo a qualquer momento e em qualquer local. Mas se o conceito operacional é o mesmo, os objetivos a alcançar e a forma de os atingir têm vindo a modificar-se a um ritmo alucinante. O desafio atual passa por transformar os bancos em instituições orgânicas e permanentemente adaptáveis num ambiente online, ou seja, o banco deve servir os seus clientes numa plataforma digital global: «omnichannel».

A banca «omnichannel» é muito mais do que apenas fornecer várias formas autónomas de os clientes comunicarem com a instituição financeira, tratando-se antes de uma interação consistente entre os clientes e o banco através de vários canais. Enquanto o multicanal está focado em fidelizar a transacionalidade, o «omnichannel» tem o seu foco na relação com o cliente. A revista *The Economist* definiu brilhantemente o conceito de «omnichannel» como uma estratégia que permite aos clientes «comprar com smartphones, tablets, laptops e até mesmo nos balcões, como se tivessem à sua espera permanentemente um único vendedor, com uma memória infalível e uma intuição estranha sobre as suas preferências». Ou seja, a banca «omnichannel» assenta numa estratégia multicanal que permite, a qualquer momento e em qualquer lugar, o acesso a qualquer dispositivo de ligação ao banco, possibilitando interações em vários pontos de contacto do cliente, onde as intenções são capturadas, as informações são derivadas e as conversas são personalizadas e otimizadas. Com «omnichannel» os bancos não só podem satisfazer as necessidades explícitas dos clientes, mas também antecipar as suas necessidades e gostos.

FIGURA 7: Do balcão físico ao «omnichannel»

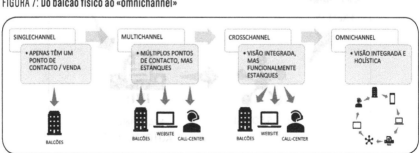

Desta forma, o «omnichannel» não veio substituir o multicanal, mas antes veio incrementá-lo, fazendo o «upgrade» que permitiu a decisiva partida para a revolução digital que se está a viver.

O «e-banking» tem poucos anos, mas a sua mutação tem sido violenta: no canal balcão físico, os clientes experimentavam um único tipo de ponto de contacto com o banco e, por sua vez, as marcas tinham também um único de ponto de contacto com os seus clientes; este passou a multicanal, onde os clientes passaram a ter vários de pontos de contacto mas independentes, transitando depois para o «cross channel», onde os clientes passaram a ver os diversos pontos de conexão com o banco como parte de uma mesma marca, possibilitando aos bancos ter uma visão única dos clientes, ainda que operando em circuitos funcionais/operacionais distintos; até chegarmos ao «omnichannel», uma plataforma complexa onde tudo está integrado.

As preferências e os comportamentos dos clientes são auscultados em permanência, importa estar presente com conteúdos e em contexto, alertar e notificar, personalizar os serviços e (se possível) os produtos, transmitir conteúdos de interesse (dentro da lógica dos interesses pessoais de cada cliente), garantir segurança e confidencialidade. No «omnichannel» os clientes experimentam uma marca e não um canal dentro de uma marca, que, por sua vez, constroem uma visão única do cliente que permite a definição de uma estratégia coordenada.

E o salto para o «omnichannel» não é uma alteração de somenos. Desde logo, o «omnichannel» revoluciona ao centrar-se completamente no cliente em vez de se centrar nos processos do banco, focados na gestão segura do dinheiro dos clientes e no processamento das suas transações com precisão. Ao centrarem-se na experiência do cliente, os bancos devem definitivamente descartar a visão umbilical a favor de uma visão centrada no cliente. Dentro dessa linha de pensamento, o «omnichannel» é uma plataforma de interação e não apenas de negociação.

O «omnichannel» está construído em sistemas de compromissos *versus* sistemas de registos, ou seja, a total necessidade de precisão para conhecer o cliente está a ser substituída por sistemas mais difusos, mas com um espectro de maior alcance. No fundo é o big data a sobrepor-se a uma arquitetura informática estritamente orientada para serviços — «Service-Oriented Architecture» (SOA) —, a abordagem que os bancos têm usado para criar as suas plataformas multicanais. A SOA garante que os componentes podem interagir uns com os outros de forma padronizada e, portanto, permite uma

FIGURA 8: A evolução e o estado da arte da distribuição bancária

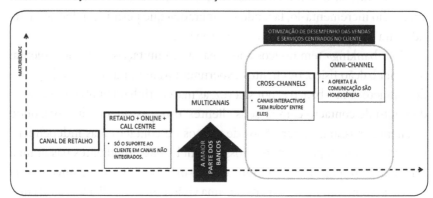

integração mais fácil e uma maior reutilização; o «omnichannel», por outro lado, é construído em big data, uma tecnologia que permite que os dados em todos os tipos de variedades sejam geridos e analisados.

Na construção das plataformas «omnichannel» os bancos adotam em regra uma abordagem em três camadas: capturar a intenção dos clientes, gerir essa informação e analisá-la. Para concretizar o primeiro ponto, os bancos estão a utilizar diferentes técnicas (com o consentimento dos clientes): por exemplo, na Internet, pode-se captar o comportamento online dos clientes; nos «smartphones» capta-se informações baseadas na localização, que ajudam a obter informações sobre a vida dos clientes; através dos «contact centers» capta-se a emoção dos clientes; e nas redes sociais o comportamento pode ser entendido usando as tecnologias de análise do denominado «sentimento social».

Retida toda essa informação, hoje, as tecnologias big data já estão suficientemente maduras para que os bancos obtenham «outputs» confiáveis e rápidos. E tudo isto é crítico para melhor compreender os clientes e, consequentemente, para que os bancos construam e ofereçam serviços/produtos inteligentes e diferenciados, bem como ofertas de marketing mais direcionadas.

À medida que os clientes se tornam cada vez mais confortáveis com a tecnologia, interagem com os bancos de diversas formas e com o mesmo grau de confiança. Ao contrário dos clientes no passado, estes consumidores não aceitam um tratamento «cookie-cutter», antes esperam ser tratados como indivíduos diferenciados e de acordo com suas preferências. Ter uma sólida infraestrutura multicanal e proporcionar uma experiência «omnichannel» permite aos clientes desfrutar de um serviço personalizado e transparente em todos os pontos de contacto.

Apesar do objetivo final de se pretender que toda a banca esteja na fase «omnichannel», a realidade evidencia que tal ainda está longe de acontecer, estando os bancos em média na fase do multicanal. Trata-se de uma questão de evolução da maturidade na capacidade de venda e aprendizagem com a experiência de serviço aferida pelos clientes.

2.3. O DIGITAL E O «CUSTOMER EMPOWERMENT»

A experiência do cliente na relação que estabelece com o banco é o grande «leitmotiv» do negócio. Há alguns anos, uma má experiência do cliente tinha um efeito de propagação sobre outros clientes bastante limitada/reduzida; contudo, hoje em dia, com o fenómeno das redes sociais, não só o impacto é maior como é imediato.

Nesse sentido a distribuição organizada em «omnichannel» tem essa visão/objetivo holística de reter o cliente, proporcionando-lhe a todo o momento uma experiência positiva com o serviço prestado ou produto vendido.

De acordo com o estudo da McKinsey, «White House Office of Consumer Affairs», apenas 1% dos clientes nunca que se queixam sobre o serviço que lhes é prestado, enquanto 86% estão dispostos a pagar até mais 25% para ter

FIGURA 9: Os fatores-chave do «customer empowerment»

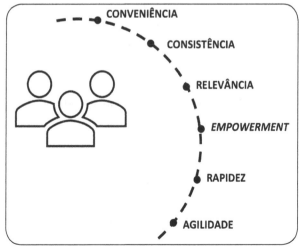

uma melhor experiência do serviço e 89% dos consumidores deixam pura e simplesmente de comprar a uma determinada empresa caso a experiência seja negativa. Ora, estimando-se que em média uma empresa perde cerca de 30% dos seus clientes e que custa sete vezes mais captar um novo cliente, não sobeja dúvida de que a aposta deve ser feita na retenção do cliente, através da diferenciação pela qualidade do serviço prestado.

Mas o que é que valorizam os clientes? Quais os fatores que devem orientar a força de vendas da banca? Em primeiro lugar a conveniência, na azáfama do dia-a-dia o principal fator valorizado pelos consumidores é a disponibilidade 24/7. A consistência é vital ao construir-se um verdadeiro negócio «omnichannel», pois é indispensável para criar experiências baseadas numa marca unificada, com uma presença em que os consumidores podem confiar. O novo consumidor também espera que as interações sejam em tempo real, altamente personalizadas e adaptadas às suas preferências de compra, transações históricas e comportamentos; ou seja, a experiência para o cliente tem de ser relevante. Nesta interconexão estreita, as marcas que capacitam e informam os clientes para tomarem as melhores decisões de compra estão a criar clientes fidelizados. Finalmente, rapidez e agilidade. A aceleração tecnológica que se vive implica que a captação de clientes dependa da capacidade de uma marca ter uma abordagem ágil e rápida na prestação do serviço. Assim, as empresas devem adotar ferramentas e análises que permitam reconhecer a todo o momento as mudanças de mercado e do comportamento do comprador, bem como sistemas que permitam uma ação rápida na execução das instruções.

Uma experiência incrível com uma marca, com uma empresa, pode transformar um cliente num «advogado» da marca. A banca «omnichannel» é charneira para alcançar os seguintes três objetivos:

- Aumento da fidelização dos clientes;
- Crescimento da quota de mercado, aumentando os proveitos através de um real conhecimento das necessidades do cliente e da customização da oferta;
- Redução dos custos operacionais, como resultado de uma operação mais «self-service», móvel e automática.

Com estes desafios no horizonte, compete à administração dos bancos abraçar a ideia do «omnichannel», conduzir e transformar a organização toda para esta abordagem focada na experiência do cliente, e eliminar departamentos isolados. Tudo isto num processo estrutural de reorientação do modelo operacional para um foco contínuo na inovação digital.

2.4. FINTECHS: TAXONOMIA DE UMA REVOLUÇÃO

O próximo nível no estádio de evolução do negócio bancário encontra-se agora nas fintech[2], as plataformas estritamente online de concessão de crédito e prestação de serviços financeiros. Dada a sua leve estrutura de custos, alicerçada em soluções tecnológicas, conseguem oferecer aos clientes um serviço mais rápido e mais barato.

As fintech identificaram uma tendência social crescente, liderada por uma procura de consumidores por serviços cada vez mais inovadores e digitais. De facto, um estudo recente conduzido pela McKinsey mostra que mais de um terço dos clientes bancarizados deixará o banco convencional se este não oferecer a tecnologia mais atualizada. Esta é uma história que está a nascer e que tem muito ainda por andar.

As fintech são empresas que se assumem abertamente como disruptivas de todo o sistema financeiro. Por via digital e da descentralização dos centros de decisão estão a desafiar, e continuarão em crescendo nos próximos anos, os «players» tradicionais (bancos, «traders», bancos de investimento, gestoras de património, empresas de meios de pagamento etc.). Desafiar a mudar.

A inevitabilidade do seu sucesso decorre de dois fatores fundamentais — custo e rapidez —, que colocam os consumidores do lado desta revolução financeira digital. Ao eliminar-se a intermediação, elimina-se custos, mas também permite a customização de praticamente qualquer tipo de produto financeiro e, tudo isto, com rapidez de processamento.

Os dois fatores com maior peso no estudo do LinkedIn (Fig. 8) refletem precisamente a procura dos clientes por processos financeiros mais céleres e desburocratizados e por produtos e serviços mais baratos. Todavia, este

---

[2] O Financial Stability Board (FSB) define fintech da seguinte forma: «Empresa indutora de uma inovação financeira e tecnicamente habilitada para criar novos modelos de negócios, aplicações, processos ou produtos com um efeito material nos mercados e instituições financeiras e na prestação de serviços financeiros».

FIGURA 10: **Razões para os consumidores preferirem as fintech**

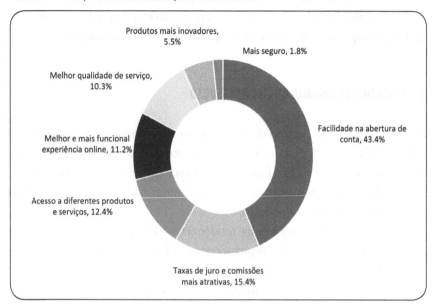

Fonte: LinkedIn (2016)

inquérito estará seguramente datado dentro de pouco tempo, não pela alteração das necessidades dos consumidores, mas pelos produtos/serviços que vão agregar essas necessidades, pois as fintech já estão a adicionar muitos outros predicados à oferta financeira para os consumidores. É vasta a área de intervenção das fintechs.

Contudo, esse amplo horizonte de produtos e serviços acaba por radicar em três características principais, na forma como está a transformar o sistema financeiro e, dessa forma, a moldá-lo ao perfil dos novos clientes:

- Democratização do sistema financeiro;
- Desintermediação dos modelos de negócio tradicionais;
- «Customer experience».

Ou seja, as fintech estão a nivelar o acesso a serviços financeiros «top-of--market» a todo o tipo de interessados e não só a clientes institucionais e pessoas com grandes fortunas. Por outro lado, a geração «millennial» funda-se na interatividade, nas interfaces móveis, que privilegia a experiência sensitiva enquanto consumidor e o uso intuitivo; deste modo, a desintermediação é uma consequência lógica deste modo de se relacionarem com o sistema financeiro.

Meio de pagamentos, finanças pessoais, empréstimos P2P, seguros, banco digital, «equity crowdfunding», contratos inteligentes e moedas digitais são apenas algumas das áreas que as fintech já estão a explorar. Esta é a época da inovação financeira via desenvolvimento tecnológico na Internet.

Todos os campos de atuação identificados, e muitos mais que existem e existirão, organizam-se à volta dos três grandes eixos que constroem a coluna vertebral deste livro. Eixos estes que identificam as três grandes necessidades financeiras dos consumidores, as quais não se alteram apesar da transformação tecnológica. De facto, apesar da redefinição, da mudança dos canais de transformação e dos «produtores» de serviços financeiros, as necessidades básicas a que esses serviços respondem mantêm-se inalteradas:

- Pagamento;
- Concessão de crédito e instrumentos de financiamento não bancário;
- Mercado de capitais e gestão de património.

Por sua vez, cada um deste três eixos está a ser transformado por várias tendências disruptivas. Os pagamentos móveis e em rede estão a mudar

FIGURA 11: **Campo de intervenção das fintechs**

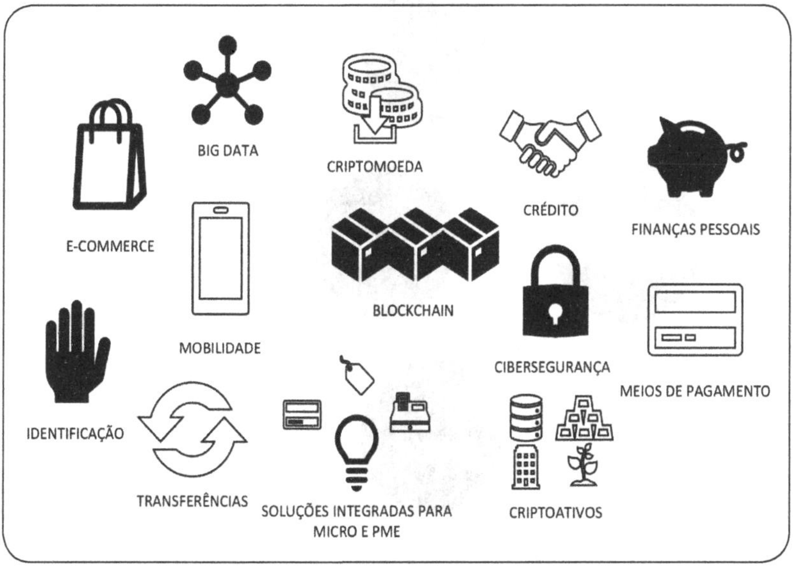

por completo os sistemas de pagamentos convencionais, fazendo com que as instituições financeiras percam o controlo sobre o «track-record» das transações dos seus clientes e com essa perda o poder de influência e de fidelização. O grande potencial das criptomoedas poderá vir a transformar radicalmente a transferência de valores entre partes, mas também impor-se como reserva de valor (juntamente com os criptoativos).

As novas plataformas de financiamento estão a transformar a avaliação do risco de crédito e o processo de conceção de empréstimos, bem como a abrir novas fontes de capital não tradicionais. Este crédito alternativo suporta-se nas redes P2P e nos processos automatizados e IA. Esta nova concorrência vai provocar um verdadeiro terramoto no negócio bancário clássico, reduzindo ainda mais a margem financeira dos bancos e agudizando a rentabilidade das instituições financeiras. À medida que os aforradores se voltam para plataformas alternativas, os depósitos e os produtos de investimento tradicionais vão-se erodindo, e com eles informação fundamental para os bancos avaliarem o risco de crédito dos seus clientes.

As plataformas de crowdfunding estão a ampliar o acesso à captação de capital por parte de praticamente qualquer tipo e dimensão de empresas,

FIGURA 12: **Eixos de transformação da banca**

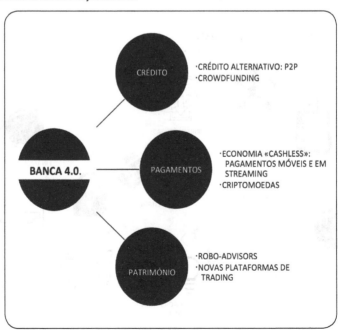

tornando o ecossistema financeiro global mais rico e democrático. Por sua vez, à medida que as barreiras à entrada no acesso ao crédito bancário caem, torna-se cada vez mais importante para a rentabilidade dos intermediários tradicionais serem proativos na identificação destas «start-ups».

Os «robo-advisors» estão a melhorar a acessibilidade a uma gestão financeira sofisticada e, com isso, a criar uma pressão na margem dos gestores de património tradicionais, obrigando-os a evoluir. À medida que estes novos operadores massificam o acesso à gestão de patrimónios, competirão cada vez mais pelos depósitos e produtos de poupança tradicionais.

E nem os mercados de capitais resistem, bem pelo contrário. A popularidade da negociação de alta frequência vai tender a diminuir e o foco da negociação a virar-se para decisões mais precisas, baseadas em análise algorítmica para uma resposta mais inteligente e mais rápida aos eventos imprevisíveis da economia real.

Novas plataformas de informação estão a melhorar a conectividade entre os vários componentes do mercado, tornando os mercados mais líquidos, acessíveis e eficientes. Como as variáveis clássicas que diferenciam os vários intermediários (isto é, a capacidade de descobrir a contraparte) se tornam cada vez mais customizáveis, a importância dos serviços de consultoria tenderá a aumentar.

As incubadoras e aceleradoras de empresas estão a fervilhar de novas empresas que contribuem para esta revolução digital. E os governos centrais dos principais polos de crescimento, Estados Unidos/Reino Unido a Israel/Singapura, passando pelos países nórdicos, estão muito ativos na concessão de incentivos a esse crescimento exponencial; quer ao nível do acesso a fontes de investimento a preço «controlado» e a incentivos fiscais, quer funcionando como «backups» na investigação complementar sobre cibersegurança.

O investimento em fintech começa a ter uma expressão massiva. Entre 2010 e 2015, foram investidos nesta tipologia de empresas cerca de 50 mil milhões de dólares, com os Estados Unidos na liderança ao investir 31,6 mil milhões.

E quem são esses investidores? Estado, «private equities», «venture capitals», «business angels», crowdfunding? Sim, mas seguramente não são estes os principais. Do lado dos grandes investidores estão as grandes casas financeiras mundiais. O Citigroup, através da sua participada Citi Ventures, tem aceleradoras de fintech nos Estados Unidos, Alemanha, Singapura, Brasil

FIGURA 13: Os líderes (tradicionais) da indústria fintech

Fonte: World Economic Forum (2016)

e Espanha, com seis centros de análise big data e oito «start-ups» focadas em segurança IT; a JPMorgan Chase, através do seu centro de inovação de serviços financeiras, investe anualmente 30 milhões de dólares em fintech na área dos pagamentos, crédito e gestão de carteiras; a Goldman Sachs está a investir uma média de 50 milhões de dólares anualmente em «Internet financeira» (criptomoedas, big data e meios de pagamento digitais); o Barclays constituiu um fundo de 150 milhões de dólares direcionado especificamente para acelerar produtos originados por fintechs, ao mesmo tempo que continua a investir na sua plataforma para poder oferecer produtos digitais inovadores.

Aliás, no que concerne à constituição de fundos direcionados para as fintech, não há grande banco de investimento que já não se tenha posicionado: o Santander com 100 milhões de dólares em «start-ups» fintech de uma forma geral; o HSBC com 200 milhões de dólares para empresas tecnológicas em «early-stage» para melhoria da sua própria tecnologia; o BBVA com 100 milhões de dólares para fintech, à parte de ter comprado por 117 milhões de dólares o banco digital Simple; entre muitos outros exemplos.

Desta amostragem concluiu-se que as fintechs não estão contra as entidades tradicionais, mas sim apresentam-se como desafiadoras face à revolução que estão a construir. Intuindo isso mesmo, os principais «players» do mercado financeiro estão a integrar as fintechs dentro das suas estruturas ou a «monitorizá-las» com proximidade.

Mas como seria de esperar, não são só os bancos que estão a entrar na corrida, também as grandes empresas tecnológicas (as bigtechs) estão atentas e a fazer o trabalho de casa: desde as «big four» (Alphabet, Apple, Amazon e Microsoft), passando pela Dell, IBM, HP, Intel e Oracle, até às grandes consultoras (Accenture, Cisco, Deloitte, Capgemini, PwC, Thomson Reuters e Bloomberg).

E se a maior parte destes colossos empresariais estão a optar pelo desenvolvimento interno das valências, outros avançam através da aquisição dessas competências via operações de M&A. E os números já são impressivos.

2.5. ALAVANCAR A REVOLUÇÃO: PARCERIAS, EXTERNALIZAÇÃO E MODELO SaaS

Tradicionalmente, os bancos não estão dispostos a partilhar com terceiros a propriedade do seu principal ativo: a relação/fidelização do cliente. Para o efeito controlam todos os processos do negócio, desde a gestão do risco, a conceção dos produtos/serviços e a distribuição dos mesmos.

Todavia, o aumento da procura dos clientes e a crescente confiança nas empresas IT, faz com que a distribuição de serviços financeiros e a propriedade dos relacionamentos com clientes comece a desagregar-se. Neste cenário, pode-se assistir a uma especialização das instituições financeiras tradicionais para se tornarem apenas fornecedores de produtos financeiros, concentrando-se em sofisticar os produtos, enquanto outras partes ficam responsáveis pela distribuição e mesmo com o risco de crédito. Deste modo, as instituições financeiras tradicionais evoluem para se tornarem fabricantes de produtos financeiros, deslocando-se da função distribuição para se focarem na produção sofisticada ou altamente personalizada do produto financeiro.

Do que já é possível observar, as instituições bancárias estabelecidas estão a empregar estratégias paralelas: competindo agressivamente com os novos «players», ao mesmo tempo que aportam recursos para esta nova revolução, incluindo para os novos operadores. O conflito em exclusivo destruirá o mercado, pelo que a colaboração entre reguladores, operadores históricos e novos operadores será necessária para se entender como as novas inovações vão alterar o perfil de risco da indústria, de forma positiva e/ou negativa.

Claro está que nem todos os bancos estarão na disposição de aceitar esta partilha, nomeadamente os bancos universais, que estão no mercado de retalho. Contudo, as instituições financeiras sem presença no retalho veem neste complemento um «player» tecnológico uma mais-valia, que compensa a exclusividade no relacionamento com os clientes. Juntos, estes parceiros alavancam os seus «know-hows», proporcionando uma experiência digital ao cliente contínua e produtos financeiros ajustados a uma realidade financeira online completa.

Nesta solução, partilha-se conhecimento, mas também custos, numa verdadeira parceria «win-win».

Muitos dos principais «players» tecnológicos que optaram por entrar no espaço dos pagamentos móveis fizeram-no em parceria com instituições financeiras estabelecidas, potenciando produtos de «marca branca». Esta estratégia permitiu que se concentrassem na sua própria experiência na interação com clientes, ficando dependentes da infraestrutura e «know-how» dos seus parceiros financeiros. O exemplo mais conhecido deste tipo de parceria é o do PayPal, que usa a infraestrutura de rede de pagamentos da Discover para compra, aprovar, fazer a compensação e liquidação; outro caso de sucesso é a parceria a Google Wallet e o US Bancorp, na medida em que a solução da Google se alicerça num cartão Visa pré-pago virtual emitido pelo US Bancorp.

As parcerias podem seguir um curso ainda mais intenso, não tão seccionado e mais fusionado, uma parceria horizontal decorrente da «mistura» entre o banco tradicional e fornecedores de serviços financeiros de nicho alternativos. Como resultado os bancos universais podem manter essa efetiva dimensão universal.

À medida que as fintechs e os bancos estabelecem parcerias para otimizar as suas cadeias de valor, as grandes empresas de tecnologia começam a hospedar plataformas de distribuição importantes para o negócio bancário. Isto é, essas empresas entram no setor bancário digital não como proprietários de produtos, mas como distribuidores de produtos que usam nas suas plataformas. Se os

> **BANCOS E FINTECHS**
>
> À medida que os bancos enfrentam crescentes pressões sobre a margem, vão decidir cortar nos produtos e serviços menos rentáveis para se concentrarem em ofertas diferenciadas. Para preencher a lacuna resultante dessa decisão, os bancos vão estabelecer parcerias com fintechs também tendo por base a oferta de produtos.

grandes bancos conseguem «combater» esta dependência, já as fintechs e os bancos mais pequenos (sobretudo aqueles que se concentram em nichos), ao estabelecerem essas parcerias de distribuição, ficarão mais vulneráveis no que diz respeito ao relacionamento com o cliente.

Outra das representações dessa parceria na Banca 4.0 vai passar por uma crescente externalização de serviços, dando às instituições financeiras acesso automatizado aos novos níveis de eficiência e sofisticação. A capacidade de aceder a recursos sofisticados sem grandes investimentos em infraestruturas é crucial para a rentabilidade do negócio, tal como a agilidade organizacional tornar-se-á crítica para manter a competitividade. Os bancos tenderão a reter apenas o «know-how» de valor acrescentado do seu negócio, a relação e fidelização do cliente, externalizando o mais para empresas especialistas.

Ao longo das últimas décadas, a externalização de processos não «core», como, por exemplo, a tesouraria, o processamento documental e os sistemas informáticos, tem sido maciça neste setor para gerar mais eficiência e potenciar a rentabilidade. Contudo, apesar desta tendência, muitos processos não diretamente ligados ao negócio nunca sairão do alforge interno, como seja a auditoria sobre as transações, a verificação da conformidade regulamentar e a gestão de riscos e «compliance». Mas tem de ser assim?

Na verdade, a noção de processos internos fundamentais pode mudar quando os «outsourcers» emergem com uma capacidade de executar o processo de forma mais eficiente e com mais sofisticação do que as instituições individuais. Por exemplo, o fator nevrálgico do negócio financeiro é que o da recolha de dados de mercado foi considerado durante muitos anos uma competência interna crítica para as casas de investimento, até aparecerem gigantes e credíveis empresas a fornecer um conjunto de dados ainda mais padronizados e abrangentes, como é o caso da Bloomberg e da Thomson Reuters. A gama de atividades onde as instituições financeiras já se sentem confortáveis em externalizar expandiu-se significativamente.

Ou seja, a divisão entre «core» e «não core», para separar o que é externalizável do que não é, está a ser posta em causa, sobretudo num contexto de maior carga regulatória no pós-crise financeira e com a introdução de requisitos de «compliance» mais rigorosos (por exemplo, medidas antilavagem de dinheiro), que consomem recursos às instituições financeiras.

E os «outsourcers» da nova geração levam vantagem, pois os seus processos baseiam-se na tecnologia e filosofia que está por trás da Web 2.0:

- Análise avançada, utilizando o poder da computação, de algoritmos e de modelos analíticos não apenas para automatizar processos manuais existentes, mas também fornecer um novo nível de sofisticação;
- «Cloud computing» para melhorar a conectividade com e dentro das instituições, facilitando a partilha de dados, agilizando a implementação e manutenção de processos e permitir o processamento em tempo real;
- Integração de tecnologia de «linguagem natural» em processos financeiros, para torná-los mais intuitivos para os utilizadores finais, reduzindo a necessidade de um profundo conhecimento técnico;
- Plataformas de tecnologia, com bases de dados em tempo real e sistemas experientes, que alavancam a automação para ajudar os utilizadores a completar tarefas mais rapidamente e com menos recursos;
- Fornecer a externalização completa do processo total (presente e futuro), incluindo processos automatizados e manuais, para minimizar investimentos em infraestruturas necessárias.

A externalização dos processos-chave está também a transformar o ecossistema dos bancos, redefinindo as próprias instituições financeiras. Os bancos começam a externalizar processos selecionados para empresas externas especializadas que alavanquem tecnologias avançadas para fornecer resultados melhorados a um custo muito mais baixo. Os esforços anteriormente dedicados à gestão desses processos internos podem ser implantados para atividades de maior valor, que ofereçam diferenciação competitiva. À medida que esse padrão se repete em vários processos, a posição competitiva de uma instituição financeira deixa de ser definida pela excelência operacional básica e, em vez disso, é definida por meio da qual as atividades de maior valor que escolheram focalizar.

A partir do momento que um prestador de serviços externos desenvolve as ferramentas para uma instituição financeira, o custo de estender esse mesmo serviço para outras instituições financeiras é geralmente muito baixo, independentemente da dimensão da instituição. Deste modo, pequenas e médias instituições financeiras capitalizam essas economias para melhorar a sua eficiência e aumentar radicalmente a sofisticação dos seus processos;

FIGURA 14: **Cooperação entre todos os agentes**

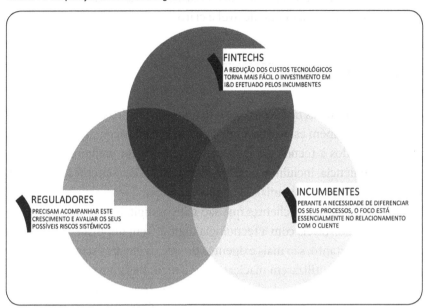

concomitantemente, à medida que a sofisticação do processo deixa de ser uma fonte de vantagem competitiva para as grandes instituições financeiras, as pequenas e médias instituições podem aumentar o foco na diferenciação do seu negócio.

Este nivelamento no acesso a novas e mais eficientes ferramentas de gestão aumenta desde logo o potencial de diversificação da indústria financeira, uma vez que as instituições financeiras menores ficam também habilitadas a prosseguir estratégias igualmente inovadoras; e a crescente concorrência pode levar à redução dos custos de transação para os clientes.

Finalmente, importa sublinhar que muita desta estratégia de externalização alicerça-se no modelo de negócios SaaS (Software as a Service): paga-se o que se consome. No passado o software era comprado numa forma física, enquanto hoje em dia a maior parte do software está alojado na «cloud», o que permite aos utilizadores consumirem software de uma forma muito distinta: a ligação é feita online, o custo é determinado tendo por base uma assinatura que reflete o efetivo consumo do utilizador e as atualizações são feitas automaticamente.

O SaaS permite, assim, que o software possa ser usado em todos os lugares, inclusive no «smartphone», tem uma integração fácil com «plug-ins» ou complementos, não tem custos com embalagens ou de distribuição e possui um modelo de licenciamento flexível e claro.

2.6. O FATOR «MILLENNIALS»

Para além de todas as mutações que o negócio financeiro está a conhecer, os seus líderes também estão a aprender a atrair uma nova geração de clientes, mais habituados à tecnologia, que esperam e exigem melhores serviços e mais conveniência, incluindo o acesso fácil a canais de comunicação na Web e móveis. O efeito «millennials» chegou em força.

Esta é a geração dos clientes que são nativos digitais ou que estão extremamente confortáveis com a tecnologia digital. Têm um nível de formação superior e, portanto, são mais exigentes do que os clientes sem capacidades digitais, além de utilizarem maciçamente a tecnologia em todos os aspetos da sua vida, incluindo nas decisões bancárias de serviços, investimento e crédito. São mais autónomos, porque confiam na informação que está disponível online, pelo que acreditam piamente que o futuro do sistema financeiro está em grande medida nas suas próprias mãos.

Nesta nova era de serviços financeiros, os clientes estão a migrar para bancos que oferecem o tipo de comunicação que eles estão habituados a usar: em tempo real, em qualquer dispositivo e em todos os canais.

Daqui decorre também que a mudança das plataformas de gestão e oferta dos produtos/serviços não é suficiente para captar estes novos clientes. É necessário alterar e melhorar a comunicação com os clientes, seja respondendo a solicitações de informações, atendendo a reclamações ou mantendo os clientes informados sobre solicitações de empréstimos e novos produtos e serviços para promover a satisfação dos clientes e as vendas. Aproveitando o poder da tecnologia de captura corporativa, os principais bancos respondem a consultas com maior rapidez e precisão, validam e controlam a correspondência para obter a máxima segurança e conformidade e geram receita com comunicações inteligentes e proativas usando todos os canais e dispositivos.

Este é um mercado que não pode ser descurado. Os «millennials» já têm dimensão financeira e a sua influência já não se restringe à criação de empresas tecnológicas disruptivas e à compra de «gadgets», a sua atuação é crescente do lado dos «mass consumers» e que aumentará mais ainda à medida que vão herdando o dinheiro da geração «baby boomer». Neste momento, estima-se que esta geração já controle cerca de dois mil milhões de dólares de poder de compra por ano; no entanto, prevê-se que em poucos anos esse valor ascenda a cerca de 60 mil milhões de dólares de património financeiro líquido de impostos.

Este peso financeiro vai moldar inevitavelmente as instituições financeiras do futuro e, dada a forma como este grupo perceciona as finanças e os bancos, o futuro será muito diferente. A maioria dos «millennials» (69%, de acordo com um estudo conduzido pelo LinkedIn e pela Ipsos Reid) estão completamente abertos a confiarem em marcas financeiras não tradicionais, enquanto 32% veem o futuro como uma sociedade sem dinheiro físico e 27% consideram que os grandes bancos não serão as principais instituições financeiras no futuro.

Nesse mesmo estudo, fica claro que os «millennials» procuram estabelecer uma conexão social com as instituições financeiras, tal como estabelecem com indivíduos (amigos, familiares), governo e empresas não-financeiras. Mais, as preocupações dos «millennials» vão para além da obtenção das melhores condições de crédito e de poupança: eles procuram marcas que tenham os seus valores, sejam ambientais, humanistas ou culturais.

Esta é a geração nativa da tecnologia móvel e digital. Assim, apesar da popularidade das novas soluções de sistemas de pagamento e financiamento, a probabilidade de um jovem «millennial» fazer pagamentos móveis P2P é duas vezes superior à de um «millennial» na casa dos 30 anos e 10 vezes mais provável do que um indivíduo da Geração X (seguinte à «baby boomer»).

Por tudo isto, as finanças terão de mudar, pois já não chega ser bom a gerir dinheiro. Os novos bancos vão ter de ter a capacidade de estabelecer com os «millennials» uma relação de proximidade, nomeadamente através das redes sociais, se quiserem garantir a fidelização. Os conteúdos financeiros personalizados são uma chave imprescindível, mas o canal de transmissão dessa informação também é vital.

E, como seria de esperar, as coisas não ficarão por aqui, pois aos «millennials» suceder-se-á a «Geração Z» (aqueles que nasceram no novo milénio). Esta nova geração está agora a entrar na universidade e a aumentar a sua influência. E se os «millennials» já não são crianças (o mais velho vai nos 35 anos), a «Gen-Z» está já no seu encalço, mas como a primeira geração que nasceu já na era dos «smartphones»!

São também estas novas gerações que estão a puxar pelos índices tecnológicos em Portugal, pois os 26% dos portugueses que nunca usaram a

Internet encontram-se acima dos 40 anos. Mas ainda muito há para progredir, num país onde 52% das pessoas utilizam redes sociais contra 76% nos países mais digitalizados da EU28 e onde apenas 29% dos portugueses utilizam banca online (49% na média da EU28 e 86% no top dos países UE28).

Em 2017, Portugal ocupa o décimo quinto lugar no índice «Digital Economy and Society Index» (DESI) da UE28[3], tendo melhorado a sua pontuação em todas as dimensões do DESI, com exceção dos serviços públicos digitais. O maior progresso ocorreu no uso de banda larga fixa e móvel (conectividade), bem como na utilização empresarial de tecnologias digitais.

O comboio da economia digital é imparável e ninguém pode ficar para trás, pois o impacto económico tenderá a exponenciar-se. Estima-se que a tecnologia digital tenha contribuído com 5,3% para o crescimento da riqueza em 2015, mas o crescimento dos proveitos influenciado pelo digital (como percentagem das vendas totais) deverá mais do que duplicar até 2018, desses 5,3% para 12,1%.

---

[3] O DESI trata-se de um índice medido na UE28 para aferir do nível de evolução dos países no que concerne à economia digital, sendo para o efeito avaliados cinco fatores: *i)* conectividade (banda larga fixa e móvel, velocidade da bada larga e preços); *ii)* capital humano (conhecimentos básicos, avanços e desenvolvimentos nos conhecimentos tecnológicos); *iii)* utilização da Internet (rácio de uso pelos cidadão, comunicações e transações online); *iv)* integração da tecnologia digital (business digitalization e e-commerce); *v)* serviços públicos digitais (e-government).

3
As tecnologias disruptoras

Os bancos, outras instituições financeiras e as fintechs estão a utilizar e a investir cada vez mais em tecnologias avançadas para fornecer produtos e serviços financeiros inovadores, como inteligência artificial (IA), machine learning (ML), análise avançada de dados, tecnologia DLT, computação em nuvem e aplicativos de programação livres (API — Application Programming Interfaces). Embora todas estas tecnologias inovadoras ofereçam oportunidades, também podem apresentar novas fontes de riscos. Os bancos que dependem teste tipo de tecnologias devem assegurar que têm processos de IT e de gestão de riscos eficazes e ambientes de controlo que efetivamente respondam também às novas fontes de risco.

Os impactos em termos de criação de valor que estas novas tecnologias estão/vão propiciar compensam o surgimento de novos riscos. Estas tecnologias não são novos produtos ou serviços financeiros, mas sim os catalisadores que permitem o desenvolvimento de novos produtos inovadores e, para as fintechs, a forma de entrarem no mercado financeiro. São estas tecnologias que reduzem as barreiras à entrada e à saída de novos participantes, permitindo infraestrutura de baixo custo e acesso aos canais de entrega direta aos clientes, desintermediando face aos canais tradicionais.

3.1. BLOCKCHAIN E TECNOLOGIA DLT: A INTERNET DO VALOR

O atual sistema de transferências, construído sobre câmaras de compensação («clearing houses») automatizadas e bancos a intermediar, permitiu o aumento exponencial das transferências entre várias geografias. Contudo, a estrutura, tal como está montada, com uma forte componente centralizadora, não permite aumentar a velocidade das transferências e custos de ineficiência.

Percecionando esta oportunidade é aqui que entram em jogo as moedas virtuais, descentralizadas e a funcionar em «streaming» na Internet, eliminando intermediários e com isso aumentando a rapidez das transferências e reduzindo custos. Ameaçado pelas altcoins, o sistema clássico dos bancos vai ter de se adaptar para ser também ele mais célere e menos oneroso, caso contrário a substituição integral será inevitável.

O atual sistema de pagamentos tem o mesmo racional há pelo menos 150 anos, caracterizando-se pela sua complexidade, por envolver muitas instituições e por ser o mesmo procedimento que processa grandes transferências interbancárias e entre particulares.

O sistema clássico não proporciona transferências instantâneas, bem pelo contrário, os fundos podem demorar várias horas ou dias entre a conta do ordenador à do beneficiário. Isto porque se as duas contas não estão domiciliadas no mesmo banco, a instrução tem de ser remetida para uma «clearing house» ou para um banco correspondente, para assegurar a efetivação da transferência.

Estes sistemas descentralizados utilizam um conjunto de protocolos que afetam tarefas a vários indivíduos, que funcionam como «nós» do sistema, em vez de tudo ser encaminhado para um ponto central de validação. No fundo este sistema descentralizado é muito parecido com o funcionamento dos e-mails, que se baseia num protocolo comum (SMTP) para distribuir o correio eletrónico por vasto número de servidores.

No caso do sistema de pagamentos descentralizado, os utilizadores transferem valores entre eles de forma segura, através de processos/protocolos criptográficos e tendo por base uma criptomoeda.

A rede P2P permite a descentralização de todo o processo de transferência, fazendo com que a compra e venda se realize sem a intervenção de qualquer intermediário, desde a compra da moeda virtual até à efetivação da transação.

A tecnologia em questão denomina-se «Distributed Ledger Technology» (DLT) e refere-se aos protocolos e infraestrutura de suporte que permitem que computadores em diferentes locais proponham e validem transações e atualizem registos de forma sincronizada através de uma rede. A ideia subjacente é a de um livro-razão («ledger») — um registo comum de atividade que é partilhada em computadores em diferentes locais — não é nova; esses «ledgers» são usados por organizações, por exemplo, por cadeias de supermercados que possuem sucursais ou escritórios num determinado país ou entre países.

> **BLOCKCHAIN**
>
> A tecnologia blockchain permite que duas partes que não se conhecem chegarem a um acordo (consenso) através de uma história digital comum. Essa história digital comum é importante porque os ativos e as transações digitais são teoricamente fáceis de falsificar e/ou duplicar. A tecnologia blockchain resolve esse problema sem usar um intermediário financeiro que as duas partes conheçam.

Dentro da tecnologia DLT tem-se imposto a plataforma «blockchain» (literalmente «cadeia de blocos»), sustentada no sucesso da Bitcoin, que mantém um banco de dados distribuído de forma descentralizada, usando um procedimento de validação consensual e assinaturas criptográficas. Nestes sistemas, as transações são transmitidas para todo um conjunto de participantes que trabalham para validá-los em lotes conhecidos como «blocos»; uma vez que o razão de atividade é organizado em blocos separados, mas conectados, esse tipo de DLT é designado como «tecnologia blockchain».

A «blockchain», por sua vez, para além de ajudar a que os utilizadores confiem no sistema, funciona como um vasto livro-razão público, onde todas as transações confirmadas são incluídas como «blocos»; à medida que cada bloco entra no sistema este é transmitido à rede informática P2P de utilizadores para validação. Desta forma, todos os utilizadores estão cientes de cada transação, o que evita roubos ou gastos duplos, podendo gastar-se a mesma moeda duas vezes.

No fundo uma «blockchain» é uma base de dados distribuída, o que significa que os dispositivos de armazenamento da base de dados não estão todos ligados a um processador comum. A mesma mantém uma lista crescente de registos ordenados, chamados «blocos».

Esse «bloco» é muito semelhante a um registo num banco de dados, que contém uma série de informações, como o nome do ordenador, endereço, contacto etc., onde cada registo fica com uma chave identificável de

FIGURA 15: **Sistema de transferências descentralizado**

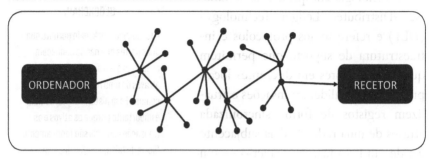

forma exclusiva («hash»)[4] na cadeia de blocos. Ou seja, os fundos (bitcoins) encontram-se bloqueados num sistema criptográfico com chave pública, onde apenas o detentor da chave privada pode enviar criptomoedas.

Então, o que é uma «cadeia de blocos»? Cada bloco tem um campo que faz referência à «hash» do bloco anterior, formando assim uma «blockchain» contagiosa que possui uma forte conexão ao bloco anterior, formando uma cadeia. E aqui é que se encontra a segurança da inviolabilidade do sistema, pois qualquer alteração nos dados do bloco irá gerar da nova chave «hash», pelo que se se tentar alterar os dados do *Bloco A*, «hash» será invalidada, quebrando a cadeia.

A «blockchain» é em tudo idêntica a uma base de dados empresarial, apenas se diferenciando desta quanto à «network», pois na «blockchain» ninguém controla a rede de blocos que é completamente pública.

A tecnologia «blockchain» distribui-se numa rede, o que significa que cada participante passa a ser parte da rede, constituindo um «nó» da rede (tal como acontece no sistema P2P). Assim, qualquer bloco que é adicionado a uma cadeia de blocos é propagado para todos os «nós» na cadeia de blocos e cada «nó» passa a ser responsável por manter a integridade referencial da rede de cadeias de blocos e, como se viu atrás, nenhum pode alterar o quer que seja sob pena de fechar automaticamente a cadeia de blocos gerada.

---

[4] Uma «hash» é uma chave exclusiva para o bloco, uma assinatura criptográfica exclusiva de dados. Por exemplo, a combinação do primeiro nome, sobrenome e número de telefone gera uma chave que é exclusiva dos dados fornecidos e o algoritmo gerará sempre a mesma chave para os mesmos dados, independentemente do sistema que o gere. Isso se torna o elemento de base de um bloco, pois mesmo a menor alteração de dados gerará um novo «hash».

Neste processo existe ainda outro interveniente, que são os «mineiros», que funcionam como os validadores do processo para adicionar um bloco a uma cadeia de blocos e garantir que todos os «nós» verifiquem o bloco para garantir a integridade referencial antes de serem adicionados a um novo bloco. Uma boa plataforma «blockchain» executa esta função automaticamente, num processo de computação criptográfica.

A «blockchain» é essencialmente uma meta-tecnologia, que consiste na teoria do jogo, na criptografia e na engenharia de software. Os protocolos «blockchain» verificam números ou programas, marcam-nos e inserem-nos como um bloco numa cadeia contínua ligada a todos os blocos anteriores ligados à transação original.

Observe-se o seguinte exemplo para uma transferência financeira, em que cada ordem de transferência cria um «bloco», graficamente na Figura 16:

- A Rita pretende transferir para a Marta 100 euros;
- A transferência é representada online como um «bloco» e marcada com um carimbo (data e a hora a que o registo foi criado) — e, por padrão, essa entrada não pode ser alterada de forma retroativa, pois pretende-se que os registos de todos os eventos relacionados com a transferência tenham a precedência bem definida, sejam claros e que não sejam passíveis de serem modificados;
- O «bloco» é transmitido para todos os «nós» da rede;
- Os «nós» validam a transação;
- O «bloco» é agregado a uma cadeia de blocos que lhe confere total transparência;
- A Marta recebe a transferência, pois apenas a Rita, que tem uma chave privada, e a Marta, que tem outra, podem aceder à informação — e a mesma é apenas partilhada quando um dos utilizadores partilha a sua chave privada com um terceiro.

A privacidade é mantida através de técnicas criptográficas, que autenticam e verificam as transações e permitem que os participantes vejam apenas as partes do livro-razão que são relevantes para eles. Para além da segurança, as transações são realizadas quase instantaneamente na rede e confirmadas em poucos minutos. Uma vez que têm lugar numa rede global são completamente indiferentes à sua localização física, quer esteja o destinatário ao lado do ordenador ou do outro lado do mundo.

FIGURA 16: Transação via criptomoeda

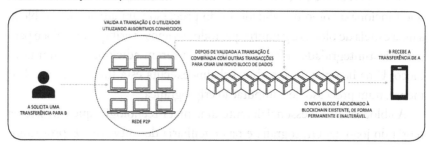

É a «blockchain» que permite que qualquer pessoa envie um valor para qualquer lugar do mundo onde um ficheiro «blockchain» possa ser acedido. Mas é obrigatório que tenha uma chave privada, criada criptograficamente, para aceder apenas aos blocos que «detém». Ao conceder uma chave privada que detém, a outra pessoa transfere, efetivamente, o valor do que tiver armazenado nessa secção da «blockchain».

Em conclusão, em vez de ter uma pessoa ou uma empresa como intermediária na transação, as criptomoedas utilizam o mecanismo «blockchain», a tal conta razão virtual que garante que a transação é confiável, segura e partilhável. Cada transação é verificada extensivamente por toda a rede P2P, pelo que a probabilidade de existir uma transferência fraudulenta é praticamente (matematicamente) impossível.

Dada esta capacidade de revolucionar completamente os mercados financeiros, a blockchain é muitas vezes denominada «Internet do valor».

Deste modo, não restam dúvidas de que a blockchain vai transformar tudo, das transações e pagamentos à concessão de crédito e «fund rising». Como veremos ao longo deste livro, a promessa da blockchain passa por desintermediar e, como tecnologia disruptiva, transformar todo o ecossistema financeiro, incluindo:

- Pagamentos: ao eliminar a necessidade de existirem intermediários que se conheçam para aprovar as transações entre os clientes, a tecnologia blockchain permite pagamentos/transferências mais rápidos e a taxas mais baixas do que os bancos.
- Sistemas de liquidação e compensação: as blockchain reduzem os custos (e riscos) operacionais com a capacidade de processar operações em real-time.

- Fund rising: ao fornecer às empresas acesso imediato a liquidez, através de ofertas iniciais de moedas (ICO), a blockchain está a criar um novo modelo (criptoeconómico) de financiamento, que desvia o recurso ao capital dos modelos financeiros tradicionais (dívida e capitais próprios).
- Valores mobiliários: ao transacionar todo o tipo de títulos, desde ações a ativos alternativos, a blockchain pode transformar toda a estrutura dos mercados de capitais.
- Dívida: ao remover a necessidade de existir um banco centralizador (capta depósitos e concede crédito), a blockchain pode tornar o processo de emprestar dinheiro mais rápido e abrangente, e fornecer crédito a taxas de juros mais baixas.

As possibilidades de utilização da blockchain são praticamente infinitas e não se restringem (muito longe disso) ao setor financeiro. Aliás, tudo que envolve IA estará sempre correlacionado com uma «blockchain», desde a gestão inteligente do consumo de energia numa casa até à monitorização dos consumos de medicamentos num paciente numa cama de hospital, passando pela criação de sistemas de votação à prova de fraude. Ou seja, as potenciais aplicações desta tecnologia são vastas, prevendo-se que cada vez mais indústrias venham a encontrar formas de usá-la num futuro muito próximo.

Embora ainda seja cedo demais para conclusões, 2016 definiu uma tendência bem clara em termos de fluxo de capital e investimentos a serem canalizados para a indústria de «cadeias-de-blocos», de acordo com dados fornecidos pela empresa de «research» CB Insights. O investimento no setor atingiu os 550 milhões de dólares, face aos cinco milhões registados em 2012), sendo os capitais de risco os investidores mais dinâmicos, com as suas posições a crescerem 24% em 2016, para 52 milhões de dólares, num claro sinal de que a indústria do «venture capital» está a mobilizar-se seriamente em torno desta tecnologia.

Assim, quem ainda estiver cético quanto à realidade desta tecnologia ou a considera um «hype» momentâneo, os valores referidos dissuadem por completo essas perspetivas.

Os Estados Unidos ainda dominam o setor com uma quota de mercado de 54%, mas a sua proporção relativa diminuiu com o aumento do peso da Ásia, que cresceu três vezes para 23% desde 2012. O setor amadureceu com

FIGURA 17: uma tecnologia em desenvolvimento

Fonte: CELENT

empresas de «blockchain» que emergem para além dos serviços financeiros, como seja a «Internet das coisas», distribuição de conteúdo e cadeias logísticas, como são o caso da Mediachain, BitMark, Filament, SatoshiPay e Cambridge Blockchain.

A versão «blockchain» da tecnologia DLT está a alimentar as criptomoedas com êxito há vários anos; no entanto, o sistema não é imune a alguns inconvenientes: continua a ser uma tecnologia cara de operar, pois para evitar a duplicação de custos sem o uso de uma autoridade confiável requer que os validadores de transações («mineiros») empreguem grandes quantidades de computação para atestar a sua «proof-of-work».

Para além disso, a tecnologia «blockchain» ainda tem outros problemas de enquadramento na lógica do negócio financeiro, decorrente do facto de não garantir qualquer privacidade à transação, pois todos os registos são efetuados num «livro-razão» público, o que colide com a necessidade de se garantir o sigilo bancário. A atual limitação da sua escalabilidade também é uma limitação; ou seja, sendo a «blockchain» uma espécie de base de dados, ainda tem um «cap» de processamento que a impede de processar triliões de transações.

Estes constrangimentos podem não ser adequados para muitas aplicações do mercado financeiro, pelo que as soluções suportadas na tecnologia DLT estão a tentar encontrar uma alternativa para a «blockchain» a favor de protocolos que modificam o processo de validação para permitir maior confidencialidade e escalabilidade. Alguns bancos centrais estão a trabalhar sobre uma tecnologia denominada «corda», que substitui a «blockchain» por uma arquitetura que permite que a validação seja alcançada numa base de transações individuais, em vez de se processar em «blocos», com partilha de informações limitada.

A contrapesar as limitações estão bons e claros benefícios. Desde logo, a possibilidade de se processarem pagamentos em tempo real com um risco reduzido de liquidação, eliminando a necessidade de os bancos terem contas *nostro* para terem uma presença global eficiente. Este é o início de uma nova rede de liquidação global em tempo real.

Os bancos deixam também de ter o sistema de liquidação centralizada, podendo optar por utilizar várias fontes de liquidez (bancos ou não) para o processamento dos pagamentos; este é um benefício particularmente importante para os bancos de menor dimensão (como os portugueses no mercado global), pois, não sendo «market-makers», têm maior dificuldade na captação de taxas de câmbio competitivas.

> **VANTAGENS DA BLOCKCHAIN**
> • Processamento de transferências em tempo real e sem risco de liquidação.
> • Várias fontes de liquidação (bancárias ou não).
> • Redução dos custos operacionais em cerca de 60% do custo atual.
>
> **E DESVANTAGENS**
> • Inexistência de privacidade, que garanta o sigilo bancário.
> • Escalabilidade (ainda) limitada.

Mas a coroa de glória da «blockchain» é a redução dos custos operacionais mais baixos. Para uma transferência de 500 euros, estima-se que os bancos possam poupar, em termos médios, cerca de 60% dos atuais custos operacionais; a empresa Ripple estima que essa poupança decorra maioritariamente no processamento dos pagamentos (–81%), mas também no processo de liquidação e reconciliação cambial (–23%).

3.2. ARTIFICIAL INTELLIGENCE/MACHINE LEARNING/ADVANCED DATA ANALYTICS

A Inteligência Artificial (IA) e a machine learning (ML) estão a ser rapidamente adotadas numa variedade de aplicações no setor de serviços financeiros, impulsionadas por fatores de oferta, tais como são os avanços tecnológicos e a disponibilidade de dados e infraestrutura, quer por fatores do lado da procura, como necessidades de rentabilidade, concorrência com outras empresas e regulamentação financeira.

Alguns dos casos de utilização atual e potencial de IA e ML incluem a avaliação da qualidade do crédito, a determinação do «pricing» e a automatização na interação com o cliente, otimizando o capital próprio escasso e caro, bem como o desenvolvimento de modelos de «back-testing» e análise do impacto no mercado de negociação de grandes posições, enquanto os hedge funds, broker-dealers e outras empresas dos mercados de capitais estão a usar estas ferramentas para encontrar sinais de retornos mais altos (e não correlacionados) e otimizar a execução da negociação.

Os investigadores em ciência da computação e estatística estão a desenvolver técnicas avançadas para obter informações de conjuntos de dados de grande dimensão e diferentes (distintas fontes, qualidade, estruturados e não estruturados), aproveitando a capacidade dos computadores para executar tarefas, como reconhecer imagens e processar linguagens, aprendendo com a experiência. A aplicação de ferramentas computacionais para abordar tarefas que tradicionalmente requerem sofisticação humana (IA) já existe há muitos anos, no entanto, os recentes reforços no poder de computação, aliados aos aumentos na disponibilidade e quantidade de dados, resultaram num ressurgimento do interesse em aplicações fundadas em inteligência artificial.

A IA é um campo amplo, do qual a ML é uma subcategoria e que se pode definir como um método para projetar uma sequência de ações com o intuito de resolver um problema, que otimizam automaticamente através da experiência e com limitada ou nenhuma intervenção humana. Essas técnicas, por sua vez, podem ser usadas para encontrar padrões em grandes quantidades de dados (análise big data) de fontes cada vez mais diversas e inovadoras.[5]

Uma grande variedade de fatores está a contribuir para o uso crescente por parte dos bancos e das fintechs de IA e ML nos serviços financeiros. Do lado da oferta, os agentes financeiros beneficiam diretamente da potência de computação, devido à maior velocidade dos processadores, para reduzir os custos de hardware; de igual forma, a capacidade de armazenamento de

---

[5] Existem várias categorias de algoritmos de ML, que variam de acordo com o nível de intervenção humana exigido no tratamento dos dados: *i)* Na «aprendizagem supervisionada», o algoritmo é alimentado por um conjunto de dados com rótulos em alguma parte das observações (por exemplo, um conjunto de transações de dados pode conter rótulos em alguns pontos de dados que identificam aqueles que são fraudulentos e aqueles que não são fraudulentos); *ii)* A «aprendizagem não supervisionada» refere-se a situações em que os dados fornecidos ao algoritmo não possuem rótulos; *iii)* A «aprendizagem de reforço» está entre as outras duas opções, sendo o algoritmo alimentado por um conjunto de dados não marcado, onde escolhe uma ação para cada ponto de dados e recebe *feedback* (que pode ser de um humano) que ajuda o algoritmo a aprender.

FIGURA 18: Da IA ao big data

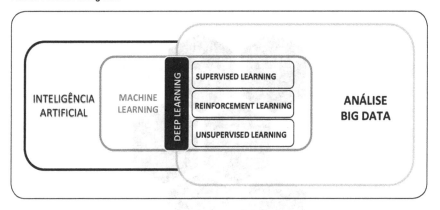

dados («cloud») aumenta e embaratece a análise de dados através da disponibilidade de bancos de dados, software e algoritmos. Do lado da procura, as instituições financeiras têm incentivos em usar IA e ML, pois as oportunidades de redução de custos, ganhos na gestão de riscos e melhorias de produtividade, contribuem para uma maior rentabilidade.

Também há uma crescente procura por IA para as questões relacionadas com o compliance. Novos e crescentes regulamentos aumentaram a necessidade de uma gestão regulatória eficiente, que empurrou os bancos para automatizar esse processo e adotar novas ferramentas analíticas que podem incluir o uso de IA e a ML.

O processo de integração da IA na esfera financeira ainda vai no início, sendo de esperar no futuro próximo novos desenvolvimentos, acompanhando o crescimento contínuo no número de fontes de dados, a variedade e tipos de dados. A melhoria contínua do hardware, permitindo processar chips e computação quântica, vai permitir existir uma IA mais rápida e poderosa. Ao mesmo tempo, softwares sofisticados estão a tornar-se mais amplamente disponíveis, alguns dos quais mesmo de código aberto. Assim, à medida que os serviços emergem para fornecer, limpar, organizar e analisar os dados financeiros, o custo para os utilizadores (bancos) de incorporarem informações sofisticadas vai cair significativamente.

A IA e a ML já estão a ser aplicadas no «front-office» das instituições financeiras. Os dados dos clientes já estão a alimentar novos algoritmos para avaliar a qualidade do crédito e, consequentemente, definir o preço dos empréstimos. Finalmente, as interações dos clientes com os bancos

FIGURA 19: **Atuação ampla e transversal da IA no sistema financeiro**

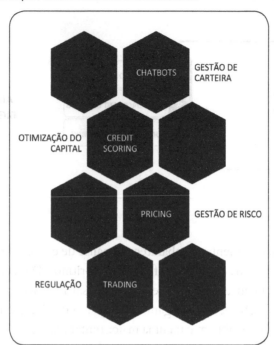

podem ser cada vez mais realizadas por interfaces IA, como os chamados «chatbots», aprofundando o relacionamento e a fidelização.

O uso da IA e da tecnologia ML está a alterar profundamente a natureza de alguns serviços financeiros. Embora os dados sobre a penetração desta tecnologia sejam bastante limitados, o «diálogo» a que já hoje se assiste entre os participantes do mercado financeiro sugere que alguns segmentos do sistema financeiro estão a empregar ativamente a IA. Mais, muito provavelmente as aplicações IA são mais amplamente utilizadas do que outras tecnologias disruptivas, como por exemplo a blockchain. Em particular, a deteção de fraudes, a otimização de capital e as aplicações de gestão de portefólio parecem estar a crescer rapidamente.

Neste último campo, da gestão de portefólio, os processamentos mais eficientes das informações por IA podem ajudar a aumentar não só essa eficiência, mas a resiliência dos mercados financeiros, reduzindo a volatilidade dos preços.

Ao mesmo tempo, os efeitos de rede e a escalabilidade das novas tecnologias estão a gerar um sem-número de novas fintechs; e, como noutros mercados baseados em plataformas, pode haver valor para as instituições financeiras por utilizarem entidades terceiras, dada a reputação, a escala e a interoperabilidade dessas fintechs.

3.3. «CLOUD COMPUTING»

A computação em nuvem («cloud computing») refere-se ao uso de uma rede on-line («nuvem») de processadores, que aumentam a escala e a flexibilidade da capacidade de computação. Segundo o National Institute of Standards and Technology, a «cloud computing» é «um modelo que permite o acesso ubíquo, conveniente e a pedido, através da rede, a um conjunto de recursos de computação partilhados (tais como redes, servidores, "storage", aplicações, serviços etc.) que podem ser rapidamente aprovisionados ou libertados, com um mínimo de esforço e sem interação com o fornecedor».

Há quem entenda que a computação em nuvem é um conceito e não uma tecnologia, pois acima de tudo trata-se de um modelo de disponibilização e utilização de TIC (TI e Comunicação) que representa uma evolução de modelos TIC anteriores.

Seja como for, o foco da computação em nuvem é que permite a partilha de recursos, promovendo eficiências e economias de escala. Essa redução de custos pode ser atrativa para os bancos, mas as preocupações com a segurança e a privacidade parecem ter inibido inicialmente os bancos de usar esta infraestrutura. Mas se tal aconteceu no início da apresentação da tecnologia, hoje já há muitos bancos a utilizar a computação em nuvem.

O modelo «cloud computing» é composto por cinco características essenciais, três modelos de serviço e quatro modelos de implementação.

As suas características essenciais descrevem-se como abaixo se indica:

- «On-demand self-service»: o utilizador é que decide quando necessita do serviço e quando o mesmo deve ser disponibilizado, sem intervenção humana de um fornecedor. Normalmente isto faz-se a partir de um vulgar browser Web.
- «Broad network access»: o acesso ao serviço é feito a partir de um equipamento, desde que esteja ligado à Internet.
- «Resource pooling»: a «nuvem» pressupõe uma otimização dos recursos, pela partilha dos mesmos (mas garantindo, ao utilizador final,

a sua fatia reservada de recursos); por exemplo, os «cloud servers» são uma «fatia» de um servidor físico de maior dimensão. Como clientes diferentes utilizam «cloud servers» diferentes, o servidor físico subjacente é otimizado, ou seja, há menos desperdício de recursos de RAM, CPU e energia.

- «Rapid elasticity»: a possibilidade de fazer upgrade ou downgrade instantaneamente, quando necessário; se necessitar inicialmente de dois servidores com 16 GB de RAM, mas no dia seguinte necessitar de dez servidores com 32 GB de RAM, o serviço ajusta-se. Esta elasticidade é fundamental.
- «Measured service»: a computação em nuvem é vista como um serviço, que se paga à medida da utilização («pay-per-usage»), tal como hoje em dia acontece com o consumo de eletricidade ou de água. Não devem existir custos iniciais ou custos recorrentes fixos. É um modelo de pagamento após utilização, não de pré-pagamento.

Existem também três modelos de serviço. Desde logo a IaaS (Infrastructure-as-a-Service), onde se utiliza a infraestrutura básica de computação e armazenamento; neste caso os recursos são RAM, CPU e DISCO (que existem num servidor), sistemas operativos (Linux, Windows) ou, simplesmente, capacidade de armazenamento num espaço de «storage» externo; em complemento a PaaS (Platform-as-a-Service), que se trata da utilização de um ambiente de desenvolvimento ou serviço de bases de dados, tipicamente para programadores. Quem se quer abstrair ainda mais e nem sequer utilizar um servidor Linux (como o que seria acessível num serviço do tipo IaaS) pode simplesmente utilizar capacidade de computação num ambiente de desenvolvimento gerido pelo fornecedor. Um dos exemplos mais conhecidos é o Heroku e o Azure da Microsoft.

Finalmente, o modelo SaaS, que está mais próximo do consumidor final, do utilizador não profissional. Neste caso, o serviço passa pela disponibilização de uma aplicação, vulgarmente através de uma interface Web normal. O exemplo mais comum é o Webmail (um serviço de e-mail utilizado com um browser), como otransaccio, ou no mundo profissional o exemplo da aplicação de CRM, Salesforce.

Os modelos de implementação definem a forma como o serviço nos é prestado. Existem dois tipos principais: «cloud» privada e a «cloud» pública e duas variantes — «cloud» híbrida e comunidade.

Para os novos operadores do mercado, sobretudo fintechs, as soluções em nuvem geralmente permitem um acesso mais fácil à infraestrutura de back--office, que os incumbentes passaram décadas a construir, permitindo-lhes dar um salto na cadeia do negócio e a um menor custo. O uso da computação em nuvem pode, portanto, permitir que as fintechs se concentrem nos seus negócios e aumentem a escala à medida que o negócio cresce. Ou seja, a computação em nuvem como tecnologia prestadora de serviços para os bancos pode atuar como facilitador na interação com as fintechs e não precisa, por si só, de causar distúrbios ao modelo de negócio. No entanto, se é verdade que a computação em nuvem ajuda os bancos existentes e os novos «players», não é menos verdade que é mais facilitador para as fintechs e, portanto, encaixa-se mais em cenários que desafiam o sistema bancário atual.

Os serviços domiciliados na nuvem podem assumir várias formas, desde uma infraestrutura apenas para soluções de software registadas, até à gestão de riscos e supervisão de todas as suas atividades.

4
Economia «peer-to-peer» (P2P)

O dinheiro moderno é já hoje um «mix» complexo e num rápido processo de crescimento e mudança, entre ações, obrigações, ativos mobiliários diversos, fundos de pensões, produtos derivados, taxas de câmbio e especulação. Nos nossos dias, toda esta plataforma que sustenta os mercados financeiros globais é gerida por sistemas informáticos complexos e que estão a construir a estrada onde se vai andar no futuro — a rede das moedas virtuais, do dinheiro inteligente e autónomo.

O primeiro passo neste processo de perda de «poder» por parte dos intermediários tradicionais deu-se quando aplicações online passaram a interagir com os sistemas de transferência dos bancos e, sobretudo, a terem acesso às contas bancárias dos clientes/consumidores. O PayPal é um exemplo perfeito de incumbente deste admirável mundo novo. Entretanto os computadores começaram a processar com maior rapidez, mais dados e com um exponencial nível de complexidade, o que, programados com os devidos algoritmos, permitiu conseguirem acelerar as transações. Foi neste cadinho tecnológico que nasceram os sistemas de moedas alternativas, que se baseiam na confiança (sempre a confiança) da transacionalidade do seu valor. Passo seguinte, aproveitando o desenvolvimento tecnológico

da economia «peer-to-peer»[6], a desintermediação total começou a ser realidade; a Bitcoin veio tornar possível a transação de bens diretamente entre indivíduos, sem sequer a presença das empresas produtoras.
De alguma forma estamos a voltar à primordial era da troca direta, com a ajuda de uma moeda virtual. Os consumidores voltam a sobrepor-se, a guiar diretamente os mercados, ao evidenciarem as suas intenções de consumo sem intermediários. Ainda assim, o grande indutor da necessidade de transformação tecnológica continua a ser a necessidade de captar o forte crescimento que o comércio internacional está a conhecer e que se traduz num aumento exponencial da transacionalidade financeira. Os pagamentos internacionais estão a aumentar o dobro face à taxa de crescimento do PIB mundial, num contexto que se estima, neste momento, que os bancos já processem anualmente entre 25 e 30 triliões de dólares em pagamentos transfronteiriços, que corresponde a biliões de operações.

Daqui decorre que a atual infraestrutura de pagamento já não consegue atender às necessidades. De forma incompreensível, hoje uma transferência «cross border» em moeda diferente pode demorar até cinco dias úteis! Acresce que, em muitos casos, a manutenção de contas *nostro*[7] em múltiplas moedas não é uma opção económica, o que cerceia a presença global do banco e a capacidade de ter um serviço completo. Além de tudo isto, estima-se que a taxa de erro nos pagamentos com as atuais plataformas seja, em média, de 12%.

Em conclusão, as limitações da infraestrutura atual forçam os bancos a processar pagamentos em lote, o que resulta em altos custos de processamento, longos tempos de liquidação e numa fraca experiência para o cliente. Como resultado, os bancos estão a explorar novas tecnologias, como forma

---

[6] A economia P2P, cujos melhores exemplos já bem testados são os da Uber e do «open-software», sendo uma alternativa ao modelo capitalista tradicional, pode coexistir perfeitamente, como aqueles exemplos o evidenciam na economia real. A Internet e toda a revolução da TI fizeram da economia P2P um sistema muito mais viável na era moderna, ao mesmo tempo que tornaram as transações P2P mais seguras e eficientes. Acresce que a forma mais pura de transação P2P é simples troca de dinheiro; numa rede de computadores, o conceito P2P significa que as transações podem ser processadas sem a necessidade de um servidor central.

[7] Conta aberta por um banco num outro banco seu correspondente, para receber depósitos, fazer pagamentos em nome de ou negociar com outras transações financeiras de instituições financeiras de menor dimensão.

de satisfazer a procura transacional crescente do cliente, oferecer serviços diferenciados e competir com os fornecedores de pagamentos não bancários.

4.1. AS CRIPTOMOEDAS: O UNIVERSO DAS ALTCOINS

Em menos de uma década, a Bitcoin passou de curiosidade obscura para entidade, tendo o seu valor aumentado — com alguns altos e baixos — de alguns cêntimos por moeda para mais de quatro mil dólares. Entretanto, surgiram centenas de outras criptomoedas, que já igualaram a Bitcoin em valor de mercado, e embora pareça improvável que a Bitcoin ou qualquer outra altcoin substituam por completo as moedas soberanas, estão desde já a demonstrar a viabilidade da plataforma «blockchain» subjacente.

Sem surpresa, verifica-se que os capitais de risco e as instituições financeiras estão desde já a investir em projetos «blockchain», que procuram fornecer novos serviços financeiros, além de oferecerem os mais antigos de forma mais eficiente. Neste movimento imparável de redução do peso do dinheiro físico na economia — a Reserva Federal estima que houve 616,9 mil milhões de dólares de transações sem dinheiro em 2016, muito superior aos cerca de 60 mil milhões de dólares em 2010 — a «moeda virtual» Bitcoin[8] tem desempenhado um papel fundamental.

A Bitcoin surgiu em plena crise financeira de 2007/08[9], como reação//acusação dos grandes bancos de terem usado de forma indevida o dinheiro dos seus clientes, enganando-os com os produtos vendidos, manipulando o sistema financeiro e cobrando comissões muito elevadas; assim, os pioneiros da Bitcoin pretendiam essencialmente (re)colocar o cliente no comando do processo, eliminando os intermediários.

Mas se a moeda nasceu de um movimento quase anárquico, hoje em dia está perfeitamente «institucionalizada», com empresas de grande dimensão como a Dell, a Expedia, o PayPal e a Microsoft a aceitarem esta «moeda

---

[8] Para efeito deste livro, a Bitcoin será representativa de todas as criptomoedas existentes à data, as quais utilizam de forma generalizada o protocolo de funcionamento da Bitcoin.
[9] A procura pela criação de uma moeda digital independente começou em 1992, quando Timothy May, um físico reformado da Intel, a conceptualizou a partir de ferramentas criptográficas, como a «chave pública» de Whitfield Diffie, e a denominou de «cypherpunks».

virtual» como meio de pagamento. Cada vez mais vai-se convencionando o fazer-se transações, a par com o dinheiro, a utilização da Bitcoin. Dado o sucesso da Bitcoin têm surgido outras criptomoedas, que funcionam de uma forma muito semelhante à primogénita.[10]

4.1.1. BITCOIN: COMO FUNCIONA?

Mas o que é na prática a Bitcoin? Trata-se de uma troca de informação digital, que permite a compra ou venda de bens e serviços. A moeda não tem valor intrínseco (isto é, não é resgatável) e não tem forma física, pois só existe na rede, e o seu fornecimento não é determinado por nenhum banco central, está completamente descentralizada.

A Figura 16 exemplifica o processo de transação através de uma criptomoeda, onde se revela fulcral a existência da rede P2P e da «blockchain» (bloco de dados). Deste modo, a transação é segura e fiável ao ser executada neste sistema, e que é em tudo semelhante ao processo que alicerça o Skype ou a BitTorrent.

Para além da pré-existência de uma rede P2P e de uma «blockchain», o processo de transação através de uma criptomoeda necessita ainda de outras condições prévias. A saber:

- O primeiro passo no funcionamento das criptomoedas passa pela «mineração» ou processamento, onde os «mineiros» geraram novas moedas, utilizando um software especial para resolver problemas criptográficos. Este método consiste numa forma simples de emitir moeda e também oferece um incentivo para que as pessoas minem; a remuneração é acordada entre todos na rede, mas é geralmente de 12,5 Bitcoins. Para evitar a inflação e manter o sistema passível de ser gerido, não pode haver mais do que um número total fixo de 21 milhões de Bitcoins em circulação até ao ano de 2040.

---

[10] Até 2017 a Bitcoin representava cerca de 85% do mercado das criptomoedas, mas a partir dessa data o seu peso no caiu para cerca de 40%. Em crescendo estão duas criptomoedas «concorrentes»: a Litecoin e a Ethereum. A Litecoin foi uma das primeiras altcoins e é idêntica à Bitcoin depois de se ter autonomizado em 2011; a Ethereum, criada em 2015, impôs-se como a segunda maior criptomoeda por capitalização depois da Bitcoin.

- As criptomoedas têm uma taxa de câmbio que permite trocá-las por moedas convencionais, oferecendo a possibilidade de «não-mineiros» acederem ao mercado e de existir sempre liquidez quando as pessoas quiserem levantar dinheiro físico.
- O utilizador, seja uma empresa ou indivíduo, tem de ter uma «carteira virtual» para armazenar e receber as criptomoedas.

A «carteira virtual» é o ponto de partida para se iniciar qualquer transacionalidade com criptomoedas, que não é mais do que uma aplicação de gestão de finanças pessoais com uma posição permanente do saldo em criptomoedas. Para comprar Bitcoins é necessário que o dinheiro real seja transferido para uma conta de num site terceiro, responsável por ligar vendedores e compradores de Bitcoins — uma bolsa de Bitcoins.[11]

Assim que o dinheiro estiver disponível, o comprador dá uma ordem para adquirir as Bitcoins à taxa de câmbio «spot». Ou seja, na bolsa de criptomoedas pode trocar as moedas convencionais por Bitcoins ou por «satoshis» (cêntimos de Bitcoin).

A compra e/ou troca de Bitcoins também pode ser efetuada numa ATM de Bitcoins (ou casa de câmbio de criptomoedas), onde se troca Bitcoins ou dinheiro por outra criptomoeda, como já é o caso das ATM disponibilizadas pela BTER e CoinCorner.

A Bitcoin é a criptomoeda original e o seu crescimento meteórico validou toda a tecnologia que está por trás de todas as altcoins. De facto, a Bitcoin criou todo um novo mercado monetário, atualmente composto por mais de 800 outras criptomoedas e criptoativos que estão disponíveis para serem transacionados por negociação online.

O trajeto não foi, contudo, definido sem alguma instabilidade e, mais do que isso, seguindo um ritmo de crescimento exponencial como agora está a acontecer. O valor da Bitcoin está a respeitar o efeito «J-curve» que se conhece na teoria económica, sobretudo do efeito da desvalorização da moeda na balança comercial e da evolução dos investimentos realizados pelos fundos de «private equity».

Num primeiro momento, quando a criptomoeda é criada, o valor descontado da utilidade da moeda superou em muito o seu efetivo valor corrente,

---

[11] São exemplos de bolsas a Coinbase ou LocalBitcoins nos EUA e Canadá, e a BitBargain UK e Bittylicious no Reino Unido.

o que fez com que a cotação subisse tendo por base uma apreciação futura da moeda. À medida que a criptomoeda progride, a equipa de criadores e a rede de criptografia inevitavelmente enfrentam bloqueios imprevistos, pois construir sistemas distribuídos é difícil.

Com esses obstáculos, o entusiasmo do mercado diminui, pesando sobre o valor futuro da moeda.

No entanto, se os criadores permanecerem indiferentes aos caprichos do mercado, o protocolo da moeda vai melhorando e com ele os utilizadores (e não especuladores) começam a acorrer. Com o uso a aumentar, o valor utilitário da moeda vai aumentando paulatinamente.

A subida a partir do fundo da «J-curve» pode ser (e foi) lenta. A curva só começará a aumentar quando o mercado se aperceber do crescimento do valor efetivo da moeda, passando a incorporar mais valor futuro ao preço presente da criptomoeda. A velocidade desta valorização varia muito, mas estará sempre dependente da expansão conjunta do valor corrente da moeda e do desconto do seu valor futuro.

Em mercados «bullish», como parece ser o que se vive em 2017/18, muitas vezes o desconto do valor utilitário esperado das criptomoedas começa a superar rapidamente o crescimento do valor utilitário corrente; aqui entram os especuladores, expandindo o valor futuro a uma taxa acelerada e separando-o da realidade.

No caso das altcoins este ritmo de evolução não parece (ainda) problemático, dada a fase ainda embrionária da sua evolução/utilização. Dito de outra forma, com um valor de utilidade corrente alto, a amplificação do desconto do valor esperado tende a ser ainda maior, alimentando um cenário «bull» nos próximos anos. Posto isto, o ciclo será reproduzido uma e outra vez... ficando apenas por saber qual a escala de tempo desses ciclos.

> **BITCOIN**
>
> Bitcoin é um livro-razão público descentralizado, que funciona sobre um livro-razão geral denominado blockchain. O bloco da bitcoin rastreia apenas um único tipo de ativo: a bitcoin.
>
> O bloco bitcoin tem regras — um dos quais dispõe que só haverá 21 milhões de bitcoins — e todos os participantes têm de cumprir.
>
> Uma vez que é público a bitcoin autorregula-se: recompensa com bitcoins o «mineiro» que verifica a transação e a protege com computação.

4.1.2. BITCOIN: É DINHEIRO?

Para respondermos, temos primeiro de responder à pergunta: «O que é o dinheiro?» J. Hicks, no seu *Critical Essays in Monetary Theory* (1979), disse-nos filosoficamente que «o dinheiro é tudo aquilo o que o dinheiro faz», isto é, o dinheiro é uma unidade de conta, um meio de pagamento e uma reserva de valor. Define-se assim o que o dinheiro faz, mas não o que é, pois não nos diz porque precisamos ou temos dinheiro, como é que isso acaba por acontecer e quais são as condições prévias para que exista.

De facto, o dinheiro é também uma «necessidade» e uma forma de contornar a «dupla coincidência de desejos»; ou seja, é raro coincidir que cada um tenha o que o outro quer e vice-versa ao mesmo tempo, pelo que o dinheiro surge como a ferramenta para facilitar esse intercâmbio. Mas mais: o dinheiro também é uma convenção, em que uma parte o aceita como pagamento na expectativa de que outros também o façam.

Muitas coisas e objetos serviram como dinheiro com as características definidas acima: pedras de Yap, moedas de ouro, cigarros em tempos de guerra, letras de câmbio, sal etc. Um elemento comum à maioria destes exemplos é que o valor nominal não está relacionado com o seu valor intrínseco; na verdade, no caso do dinheiro fiduciário, o valor intrínseco da maioria das suas representações é zero. A história mostra-nos que o dinheiro como convenção necessita de uma base de confiança, apoiado por alguma forma de força legal institucional.

Ganha essa confiança, o emissor pode ser um banco central ou outra entidade, o dinheiro pode ser eletrónico ou físico, pode ter uma circulação ampla ou limitada, e o mecanismo de transferência pode ter um intermediário central ou ser «peer-to-peer», o que significa que as transações ocorrem diretamente entre o ordenador e o beneficiário sem a necessidade de um intermediário central.

Foquemo-nos na digitalização, para afirmar o óbvio: que os serviços financeiros e a maior parte das formas de dinheiro têm sido amplamente digitais desde há muitos anos. Até que chegamos à «distributed ledger technology», a plataforma tecnológica onde funciona a Bitcoin, para começar por dizer que apesar de este ativo se enquadrar nas características que definem uma moeda, tal não significa que se deva de imediato considerá-la como «bom» dinheiro. Como se mencionou anteriormente, a confiança é o princípio fundamental que sustenta moedas credíveis e essa confiança deve ser conquistada e suportada.

Existem vários exemplos na história de muitas formas de dinheiro privado que foram criadas e desapareceram. Umas duraram mais do que outras, mas a maioria sempre cedeu caminho à forma de dinheiro emitida pelo banco central. Na base desse desaparecimento precoce estão quase sempre os elevados incentivos para se cometer fraude.[12]

Com base nessas experiências, ficou provado que o «laissez-faire» não é uma boa abordagem para a estabilidade do setor bancário ou para a emissão de dinheiro. De facto, o paradigma da regulação, da supervisão bancária rigorosa e dos bancos centrais que supervisionam o sistema financeiro e monetário, que emergiu ao longo do século passado, provou ser a forma mais eficaz de evitar a instabilidade financeira e económica. E o processo de imposição dos bancos centrais não foi fácil, desde a conversão do dinheiro em ouro a um preço fixo (o padrão-ouro) até à atual realidade em que a confiança resulta da existência de um banco central independente.

Por outro lado, são aquelas mesmas experiências pouco conseguidas com formas privadas de dinheiro que levantam questões sobre a proliferação das moedas criptográficas e a sua sustentabilidade. Mesmo que a oferta de um tipo de criptomoeda seja limitada, como o caso da Bitcoin, o aumento de várias altcoins implica que o fornecimento total de todas as formas de criptomoedas é ilimitado.

Pode-se argumentar que a Bitcoin e a atratividade de outras criptomoedas residem na aplicação inteligente da tecnologia DLT e da sua capacidade de realizar transações publicamente e de forma transparente, garantindo a imutabilidade do processo através de modelos matemáticos equivalentes a «mega-sudokus». Neste contexto, é legítimo perguntar se a Bitcoin e outras criptomoedas podem substituir outras formas de dinheiro.

---

[12] Nos Estados Unidos, no período conhecido como a «Era da Banca Livre», entre 1837 e 1863, surgiram muitos bancos que emitiram moeda sem a supervisão de qualquer tipo de governo federal. Esses títulos acabaram por não funcionar como meio de troca, uma vez que havia tantos bancos a emitir notas, vendendo-as a preços diferentes em lugares distintos, que tornavam as transações bastante complicadas. Como a supervisão estava em grande parte ausente, os bancos não tinham restrições à emissão de notas e não as suportavam suficientemente com espécies (ouro ou prata), degradando o seu valor. Esta era de «banca selvagem» acabou por ser um longo e dispendioso período de instabilidade bancária na história dos Estados Unidos, que verdadeiramente só terminou com o Sistema da Reserva Federal em 1913.

Quanto à resposta, à data, não se consegue responder de forma completa e absoluta, na medida em que existem ainda muitas zonas cinzentas, podendo-se encontrar na Bitcoin algumas falhas óbvias. Desde logo, as criptomoedas evidenciam uma tendência para se multiplicarem e para fazerem «spin-offs» de moedas já existentes — em 2017 foram lançados 19 «forks» da Bitcoin, incluindo a Bitcoin Cash, a Bitcoin Gold e a Bitcoin Diamond —, o que atesta o ditado que diz que «a confiança leva anos a construir, segundos para destruir e todo o sempre para reparar». Ou seja, existe aqui claramente uma insuficiência de governança. Esta (ainda) falta de confiança, apesar do reconhecimento de se tratar de um eficiente sistema de pagamento alternativo, não afastou a ideia de se estar perante uma «bolha» especulativa ou um esquema de Ponzi. A volatilidade que as altcoins têm conhecido reforça essa fragilidade, quer como meio de pagamento quer como reserva de valor.

A tudo isto acrescem as preocupações relacionadas com as práticas de evasão fiscal, lavagem de dinheiro e financiamento de atividades criminais, pois os interessados nesses «mercados paralelos» não têm qualquer problema em estarem num mercado instável.

Em conclusão, a aceitação pelo cliente de esquemas de pagamento não tradicionais, como é o caso das moedas alternativas, ainda tem um longo percurso a fazer. Apesar do aumento de valor, nenhuma das altcoins ou esquema de pagamento fez ainda incursões no ecossistema de pagamentos tradicionais ou criou uma plataforma alternativa.

4.1.3. BITCOIN: É UM ATIVO?

Serão as altcoins ativos na aceção da palavra ou a entrada da criptografia na área financeira criou esta nova tipologia: os criptoativos? A teoria económica tem definido três grandes classes de ativos:

- Os ativos de capital são fonte «per se» de um valor que depende do valor atual líquido dos seus retornos futuros; aqui encontram-se as ações, obrigações e as rendas imobiliárias.
- Os ativos consumíveis ou transformáveis têm um valor económico, mas não geram uma «yield» de rendimentos, como é o caso dos metais preciosos e das «commodities» físicas (algodão, petróleo, cereais etc.).

- Os ativos que representam um valor não podem ser consumidos nem transformados, nem geram um rendimento futuro avaliável, mas apesar de tudo têm um valor intrínseco; nesta classe de ativos integram-se as moedas e as obras de arte.

O que caracteriza estas três classes de ativos são, essencialmente, quatro fatores comuns a todos: a sua «investibilidade», ou seja, terá de ter suficiente liquidez para continuar a aportar novos e recorrentes investidores; ter características político-económicas distintivas, que decorreram do seu valor e da sua governança; independência na formação do preço face aos demais ativos do mercado, ou seja, deve evidenciar uma reduzida correlação de retornos com os outros ativos; perfil de risco-retorno autónomo, que decorre da característica anterior.

FIGURA 20: **Bitcoin cumpre características de ativo económico**

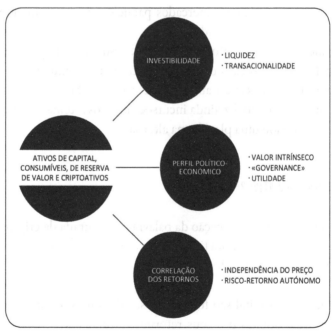

Criados os criptoativos chega-se agora à conclusão que também eles cumprem os critérios atrás enunciados de forma independente, o que implica necessariamente o surgimento de uma nova superclasse de ativos. Confira-se cada uma das características.

A transacionalidade e a liquidez da Bitcoin são o atestado maior da sua «investibilidade», atingindo atualmente valores médios diários de quatro mil milhões de dólares. Mas o «trading» é apenas uma parte da equação que atesta o interesse dos investidores por criptoativos, até porque os «traders» não deixam de ser «investidores» de curto prazo. Outra parte da transacionalidade vem dos grandes grossistas, que estão mais orientados para o longo prazo. E o que se constata é que os utilizadores da «digital wallet» Coinbase estão exponencialmente a utilizar cada vez mais Bitcoin quer como investimento quer como «stock» de valor de longo prazo.

De acordo com um estudo de 2017 da ARK Invest, uma casa de «research», estima-se que mais de 10 milhões de pessoas em todo o mundo possuem uma quantidade importante de Bitcoins, e mais de 500 milhões de pessoas estão interrelacionadas com esta criptomoeda, direta ou indiretamente.

O perfil político-económico de uma classe de ativos é sustentado principalmente pelo seu valor de base, pela sua governança e pela sua efetiva utilidade. Este é a principal característica pela qual a Bitcoin é atacada, apontando que esta altcoin não está sustentada em bens tangíveis nem tem qualquer entidade regulatória única responsável pelo seu funcionamento. Contudo, o seu valor de base resulta da sua utilidade e do seu vasto potencial; assim, à medida que mais infraestrutura é construída em torno desta moeda, a procura aumentará e, relativamente à sua oferta fixa matematicamente, o preço será criado.

Todavia, embora a base do valor da Bitcoin seja única, a sua governança é, sem dúvida, mais um motivo de ataque. As transações de Bitcoin realizam-se através de uma rede descentralizada e aberta de computadores — os «mineiros» —, cujo código que é executado está sujeito a mudanças pela comunidade. Ou seja, tudo demasiadamente volátil para ser considerado pelo paradigma atual como cumpridor de regras prudenciais de «governance». Mas sê-lo-á ao abrigo do novo quadro da economia digital?

Acresce que, ao contrário do que sucede com as moedas fiduciárias, a oferta de Bitcoins está fixada e converge para 21 milhões de unidades até 2040, pelo que tem a vantagem de o seu preço não ser conduzido por políticas monetárias que podem levar a choques de oferta frequentes.

Dadas as suas características político-económicas únicas, o preço da Bitcoin comporta-se também de forma diferente em relação a outros ativos, pois oscila por ação de forças de mercado distintas. O estudo realizado pela Coinbase, calculando as correlações entre os vários ativos padrão nos últimos cinco anos e a Bitcoin, concluiu que os movimentos do preço da Bitcoin mantêm constantes correlações baixas com todos os outros ativos; mais, a correlação máxima, positiva ou negativa, que a Bitcoin estabelece com cada um dos outros ativos está próxima da correlação mínima, positiva ou negativa, de que qualquer um dos outros ativos.[13]

Em conclusão, a Bitcoin exibe características de uma classe de ativos única, afirmando a sua investibilidade, diferindo substancialmente de outros ativos em termos de perfil político-económico, e com uma evidente independência na formação do preço.

4.2. AS CRIPTOMOEDAS E OS BANCOS COMERCIAIS

Ficou provado atrás que as criptomoedas são um fator disruptivo do atual sistema financeiro mundial, dado o potencial que têm de mudar a forma como as pessoas compram e vendem produtos e serviços.

Mas nenhum «player» do sistema, nomeadamente os bancos, deve ficar surpreendido, pois o movimento crescente das criptomoedas não é um fenómeno da segunda metade desta década. Em 2013, apenas a Bitcoin já se aproximava de uma capitalização de mercado de cerca de 14 mil milhões de dólares, o que sendo um valor alto, permite também aferir que o seu impacto no sistema financeiro ainda está numa fase embrionária, pois só representa 0,7% do volume de transações por cartão de crédito realizadas nos EUA (11,2 mil milhões de dólares por dia).

Ainda assim, em escassos seis anos tornou-se um verdadeiro caso de sucesso, passando de uma movimentação diária de menos de 100 mil dólares para cerca de 100 milhões de dólares. Neste contexto, e dados os benefícios comparativos da Bitcoin face às transferências convencionais oferecidas pelos bancos e outros intermediários financeiros, não sobejam dúvidas sobre quem é que se tem de adaptar.

Veja-se o exemplo dos cartões de crédito em comparação com a Bitcoin e avalia-se o grau de eficiência da moeda virtual. Os cartões de crédito necessitam sempre de intermediários — o banco, o «acquired» do cartão e a rede

---

[13] Fonte: ARK Investment Management LLC & Coinbase.

de processamento de pagamento —, cobrando pelo serviço uma comissão ao comerciante — estimada em termos médios em 3% sobre o montante da transação — e ao portador do cartão uma comissão anual; por sua vez, através da Bitcoin, e porque não existem intermediários, apenas quem processa a transferência paga uma comissão pela «mineração» da Bitcoin (cerca de 0,0001 Bitcoin). Acresce que as contas bancárias onde está depositado o dinheiro transacionável têm associadas comissões de manutenção, enquanto a «carteira digital» das Bitcoins é completamente gratuita.

A «ameaça» não só é crescente como pode muito rapidamente alcançar outro tipo de serviços financeiros, como seja a concessão de crédito em Bitcoins, proporcionar a compra e venda de ativos financeiros tão vulgares como ações, obrigações, fundos de investimento e contratos futuros, alargar os pagamentos em Bitcoins aos grandes retalhistas, constituir «escrow-accounts» etc. Ou seja, as criptomoedas e a plataforma «blockchain» podem, no limite, substituir todo o negócio financeiro processado atualmente por bancos, corretoras e seguradoras.

A adoção da Bitcoin como moeda está a fazer-se sob o efeito de bola de neve e muitas instituições financeiras já tomaram nota deste fenómeno. Dito isto, o que vimos até ao momento é provavelmente apenas a ponta do *iceberg*.

A Bitcoin é P2P e descentralizada, existindo centenas de «start-ups» e empreendedores que estão a encontrar novas formas de construir sobre a tecnologia Bitcoin e «blockchain» para criar novos serviços financeiros. As criptomoeda e a «blockchain» estão a ditar as regras do jogo financeiro muito rapidamente, afirmando-se como uma tecnologia disruptiva que irá transformar a nossa economia.

Eventualmente os bancos que estarão mais aptos a adaptarem-se a esta nova realidade serão os bancos online. Sendo um modelo de negócio concebido em meados dos anos 90, sobretudo para beneficiar de custos operacionais mais baixos, dada a sua apetência para a desmaterialização, serão as instituições financeiras mais aptas a inovar com esta tecnologia; por exemplo, com os depósitos a serem feitos através de fotos de «smartphones» e o serviço ao cliente permanentemente disponível através de um «chat online». Este modelo prevalecerá sobre os bancos tradicionais.

A Goldman Sachs tem já pronta a sua plataforma para negociar em Bitcoin e outras moedas digitais, sendo o primeiro «tubarão» de Wall Street preparado para fazê-lo. E faz todo o sentido. Se existe um ativo que se negocia — e, em particular, se é um ativo puramente financeiro que se negocia eletronicamente e é popular entre os «hedge funds» e os indivíduos com elevado património — então existe mercado para um banco intervir. No estádio de evolução em que se encontram as altcoins, ainda envoltas em grande desconhecimento e incertezas, então esse mercado seguramente que vai gerar bons níveis de rentabilidade.

4.3. AS CRIPTOMOEDAS E OS BANCOS CENTRAIS

Os bancos centrais tardaram a olhar para as criptomoedas, na expectativa de que a poeira pousasse, mas como tal parece estar longe de acontecer, os bancos centrais, nomeadamente através do BIS (Bank for International Settlements)[14], estão também eles a definir uma forma eletrónica de dinheiro que pode ser trocada de forma descentralizada (isto é, P2P), o que significa que as transações ocorrem diretamente entre o pagador e o beneficiário sem a necessidade de um intermediário central.

Mas a realidade dos bancos centrais é dupla, pois terá de lidar com duas formas possíveis de criptomoeda: por um lado, um instrumento de pagamento amplamente disponível e voltado para operações de retalho (transações de valor relativamente baixo, sob a forma de cheques, transferências de crédito, débitos diretos e pagamentos com cartão) e, numa perspetiva, uma moeda de acesso digital restrito para pagamentos por grosso (transações de alto valor e de alta prioridade, como transferências interbancárias).

Deste modo, a criptomoeda gerada pelos bancos centrais será sempre diferente das altcoins processadas no mercado financeiro, uma vez que tem de responder aos dois universos do retalho *versus* «wholesale», mas também porque a todo o momento a moeda tem de ser universalmente acessível, o que as criptomoedas atuais não são e não têm necessariamente de ser.

Da Figura 21 salientam-se algumas características diferenciadoras: o dinheiro é P2P, mas não é eletrónico, e é uma responsabilidade do banco

---

[14] A um nível supranacional o sistema bancário depende do BIS, fundado em 1930, e que assegura a execução das transações nos mercados financeiros efetuadas pelos bancos centrais, assim como recolhe e trata a informação obtida junto das instituições financeiras. Para além deste carácter operacional, o BIS também funciona como plataforma internacional de cooperação entre os bancos centrais para promover a estabilidade financeira e monetária a nível global.

central; os depósitos bancários comerciais são um passivo do banco que os emite, e, hoje em dia, já se encontram em formato eletrónico e transferem-se valores de forma centralizada tanto no balanço de um determinado banco quanto entre diferentes bancos através do banco central; a moeda digital dos bancos centrais são passivos eletrónicos dessa entidade, que podem ser usados em trocas P2P; contudo, não pode ignorar uma característica importante que os bancos centrais têm de garantir permanentemente, a saber, a acessibilidade universal direito).

FIGURA 21: Criptomoedas e moeda digital dos bancos centrais

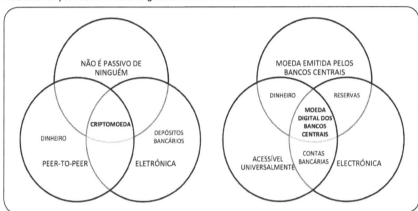

Fonte: BIS

Nesta última característica reside a grande diferença entre as criptomoedas e a moeda digital criada e gerida pelos bancos centrais e, ao mesmo tempo, a diferença entre as duas tipologias de moeda digital dos bancos centrais: uma será acessível ao público em geral (criptomoedas e moeda digital de retalho) e a outra está disponível apenas para instituições financeiras (moeda digital para «wholesale»).

Deste modo, passarão a existir quatro tipos diferentes de dinheiro eletrónico sob a responsabilidade dos bancos centrais: dois tipos de moeda digital (para retalho e para o mercado interbancário) e dois tipos de depósitos do banco central (depósitos à ordem universalmente acessíveis e as reservas de liquidação). No outro espectro estão as criptomoedas como a Bitcoin (criadas de forma privada), os depósitos bancários comerciais e o dinheiro móvel (isto é, serviço de carteira eletrónica, que permite aos utilizadores armazenar, enviar e receber dinheiro usando os «smartphones»).

As moedas digitais dos bancos centrais para o retalho ainda não existem, mas existe já uma proposta não oficial nos Estados Unidos para a criação de uma «Fedcoin», gerada pela Reserva Federal e funcionando de uma forma muito similar à Bitcoin; no entanto, ao contrário da Bitcoin, apenas a Reserva Federal seria capaz de criar «Fedcoins» e haveria sempre um câmbio de um por um com dinheiro físico e com as reservas, o que implica que as «Fedcoins» só seriam criadas (destruídas) se um montante equivalente de caixa ou reservas fosse destruído (criado) ao mesmo tempo. Como o dinheiro, a «Fedcoin» seria descentralizada na transação e centralizada no fornecimento.

Mais avançado que a Reserva Federal vai o banco central sueco. A Suécia tem uma das maiores taxas de adoção de tecnologias de informação e comunicação do mundo, que se espelha na perfeição ao nível dos sistemas de pagamento; no final de 2016, mais de cinco milhões de suecos (mais de 50% da população) haviam instalado a «app» Swish, que permite às pessoas transferir dinheiro do seu banco comercial com efeito imediato (dia e noite) usando apenas o «smartphone». A procura por dinheiro físico caiu rapidamente na Suécia e já muitas lojas não aceitam dinheiro e alguns balcões bancários já não trabalham com dinheiro. Perante estas transformações o Riksbank, banco central sueco, avançou com o projeto «eKrona» para determinar se deve fornecer dinheiro do banco central digital ao público em geral, prevendo-se uma decisão para o término de 2019.

Se as moedas digitais dos bancos centrais para o retalho ainda estão numa fase conceptual, alguns bancos centrais já estão muito avançados na criação de uma moeda digital para o «wholesale» baseada na tecnologia DLT. Este avanço tem na base uma razão muito prosaica: é que muitos sistemas de pagamento por grosso, operados pelos bancos centrais, estão no final de seus ciclos de vida tecnológica, ainda programados em linguagens obsoletas e caros de manter.

Eventualmente os exemplos mais avançados são os do Projeto Jasper do Banco do Canadá e o Projeto Ubin da Autoridade Monetária de Singapura, que já simulam sistemas de liquidação numa plataforma DLT, processados de forma individual e imediata. No entanto, nenhuma destas iniciativas substitui de imediato os sistemas de pagamento «wholesale» existentes.

Em suma, no atual estado da arte o dinheiro convencional é o único meio pelo qual as pessoas e as instituições podem deter o «dinheiro do banco central». Se alguém pretender digitalizar esse dinheiro, tem de converter a responsabilidade do banco central num passivo do banco comercial, ou seja, depositando o dinheiro num banco. A solução de uma criptomoeda criada pelos bancos centrais permitiria aos consumidores manterem passivos do banco central em forma digital, o que na prática seria como o público em geral pudesse ter contas à ordem no banco central.

Se um banco central deve ou não fornecer uma alternativa digital ao dinheiro não é uma resposta pacífica em todos os agentes. Como se sublinhou atrás, a Suécia, onde a utilização do dinheiro físico está em rápido declínio, a solução passará a breve trecho a ser uma realidade.

4.4. CRIPTOMOEDAS: O FIM DO DINHEIRO FÍSICO?

Que o dinheiro é uma tecnologia é óbvio, pois trata-se de uma ferramenta construída, com um padrão de funcionamento claramente especificado, como o protocolo onde funciona a Internet ou as especificações de octanas da gasolina. E como tal pode mudar.

Mais, como todas as tecnologias, o dinheiro cumpre a lei das consequências não intencionais, ou seja, as suas implicações a jusante são muito mais vastas do que aquelas que os seus inventores antecipavam. Este é o efeito que resulta da interação de uma tecnologia com uma cultura societária.

Hoje, a tecnologia do dinheiro está no encalce das mudanças sociais que alteraram radicalmente a forma como as pessoas interagem e, concomitantemente, alteraram como, porque e quando usam o dinheiro. É impossível ser completamente assertivo sobre quais as consequências não intencionais das inovações tecnológicas que estamos a observar (e outro virão), no entanto, pode-se, sim, afirmar que o dinheiro tal como o conhecemos vai dar uma volta de 180 graus e essa revolução será pelo menos tão profunda como a introdução do papel-moeda há um milénio.

O futuro do dinheiro não se parece nada com o seu passado. Já hoje se consegue percecionar que manusear dinheiro físico se assemelha em tudo ao envio de faxes na era do e-mail: funciona, mas é um processo incompreensível, complicado e antiquado.

Neste momento da história a maior ameaça ao dinheiro físico vem do telemóvel. Se os altos custos da tesouraria física já tinham uma alternativa para os pagamentos a fazer C2B (consumidor-comerciante), através do cartão de plástico (crédito e débito) e da Web, agora o smartphone presta-se para fazer o mesmo nos pagamentos C2C.

Dentro de alguns anos, vamos poder pagar por telemóvel no Continente. Neste mundo futuro, pagar em euros ou dólares, descontar milhas de voos ou «vouchers» e qualquer outra forma de dinheiro será apenas uma questão de escolher uma opção no menu do telemóvel.

O custo da introdução de novas moedas entrará em colapso, pois qualquer um poderá fazê-lo, como se está a ver com as criptomoedas. O futuro do dinheiro, noutras palavras, muito dificilmente passará por uma única moeda universal — o que não surpreende já nos dias de hoje, ao ver-se quão difícil é fazer funcionar o euro em todos os países que o aplicam —, mas em vez disso deverão passar a existir milhares ou até milhões de moedas distintas.

A evolução do dinheiro trouxe-nos à realidade dos bancos centrais e comerciais, que criam o sentimento de escassez centralizando o dinheiro e com ela todo o negócio à volta. As criptomoedas mostram-nos que essa escassez é artificial. Os sistemas de moeda descentralizada estão completamente desvinculados da convenção; as Bitcoins e o seu valor derivam apenas de uma função computacional matemática. O futuro da moeda descentralizada é rápido, imprevisível e implacável.

As notas e as moedas necessitam de confiança (fidúcia) para circularem. As criptomoedas, por sua vez, não podem ser falsificadas e as transferências são processadas através de contratos escritos em código aberto, disponíveis a todos, para qualquer um auditar.

É o fim do dinheiro? Alguns autores acreditam nisso e que essa transformação vai ocorrer num curto espaço de tempo. Os economistas Bernard Lietaer and Jacqui Dunne, no livro *Rethinking Money* (2013), exploram as origens do nosso sistema monetário atual, construído sobre a dívida bancária, para pintar uma imagem alternativa de como se pode melhorar as alternativas já existentes. Em *The End of Money* (2012), David Wolman é ainda mais assertivo, como o título do livro indicia, descrevendo habilmente um futuro em que o dinheiro está a desaparecer rapidamente, bem como as tecnologias que são propensas a tomar o seu lugar.

Mas será assim tão rápido? Os computadores foram concebidos como «mainframes» e em apenas uma geração transformaram-se em «laptops», «desktops», «smartphones» e «tablets». A tecnologia financeira ainda está amarrada ao passado, mas as tecnologias emergentes já estão a entregar poderes bancários aos indivíduos que trabalham em rede, que se financiam coletivamente («crowdfunding») e gerem as suas finanças de forma inteligente.

O futuro do dinheiro é horizontal, não vertical como no atual sistema: plataformas dinâmicas, não «mainframes», interfaces porosas, não superfícies monolíticas. Mas esta revolução tecnológica não implica que os bancos atuais fiquem fora do jogo. O software Banking APIS (Application Programming Interfaces) é uma plataforma de trabalho que vai permitir aos bancos que rapidamente se ajustem. O APIS permite que aplicativos de terceiros se conecte à conta bancária do consumidor (PayPal, Visa etc.); combinando princípios de tecnologia, design e experiência dos utilizadores, novos aplicativos bancários podem facilmente alterar a atual complexidade e oferecer produtos e serviços simples, ainda que poderosos e intuitivos.[15] Estes podem variar desde o suporte para deficientes visuais, até à criação de um diálogo em torno de transações, até pacotes de gestão financeira pessoal. Em última análise, isso proporciona aos consumidores um maior engajamento e controlo da sua vida financeira.

---

[15] Hoje em dia já existe uma «open source API», denominada «The Open Bank Project», disponível para os bancos usarem nas suas ofertas digitais, usando um ecossistema de aplicativos e serviços de terceiros.

5
Meios de pagamento e transferências: a economia «cashless»

O dinheiro está a desempenhar um papel cada vez menos importante na sociedade, o que é seguramente uma ótima notícia para os consumidores. O aumento dos pagamentos móveis e eletrónicos significa compras mais rápidas, convenientes e mais eficientes, ao mesmo tempo que se dão passos mais sólidos na construção de novas tecnologias que vão facilitar ainda mais essas transações e melhorar a sua segurança.

A primeira metade desta década viu acontecer mudanças rápidas no mercado dos meios de pagamento, com a entrada global de várias forças inovadoras que levantaram questões fundamentais sobre o futuro dos pagamentos: pagamentos móveis e meios de pagamento alternativos com as altcoins. Os pagamentos continuam, assim, a sua migração para os canais digitais, em face da adoção universal do pagamento móvel e da diminuição da rentabilidade por parte dos bancos tradicionais neste segmento de negócio.

Apesar da magnitude desta mudança global, neste momento a realidade ainda é muito distinta de país para país, mesmo dentro do mesmo bloco económico. Considere-se a esse título a evidência existente entre a Suécia e a Alemanha: na Suécia, cerca de 60% de todas as transações do consumidor são feitas sem dinheiro, enquanto na Alemanha apenas 33% das transações são «cashless» — sendo que à partida conhece-se a aversão dos alemães ao crédito (em alemão existe uma única palavra para «dívida» e «culpa»), existindo apenas 0,06 cartões de crédito por pessoa.

O bloco económico que mais avançou no sentido de uma economia «cashless» foi o norte-americano, onde a proporção entre dinheiro físico e não-físico de é quase 50/50, em clara contraposição com África e as economias emergentes da Ásia-Pacífico.

FIGURA 22: **Pagamentos sem dinheiro por bloco económico**

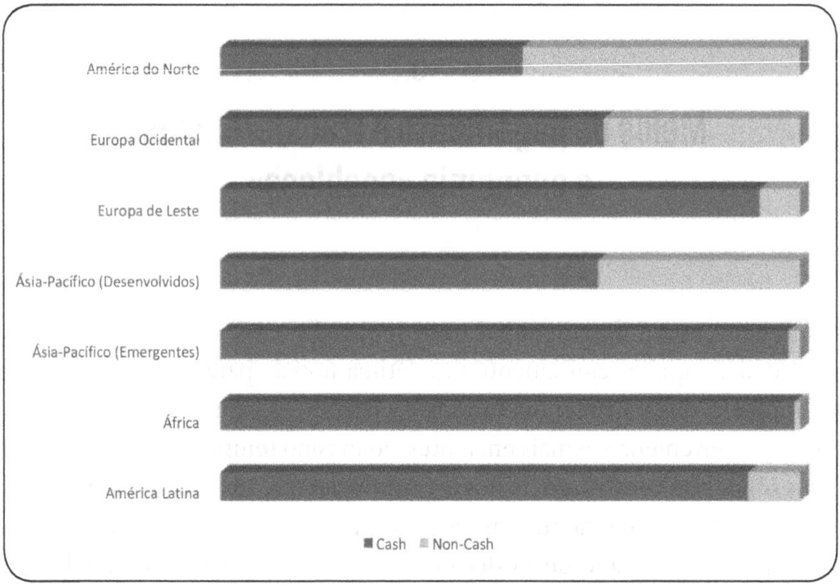

Fonte: BCE / BEI

Existe um impulso global para eliminar o uso de dinheiro físico em todo o mundo, desde logo por parte dos próprios governos e bancos centrais, na medida em que a eliminação do dinheiro facilitará o rastreamento de todos os tipos de transações.

Deste modo, a vida para os terroristas, traficantes de drogas, lavagem de dinheiro e evasão fiscal torna-se muito mais difícil, embora também permita aos reguladores institucionais ter um maior controlo sobre a economia, pois mais dinheiro rastreável significa maiores receitas fiscais e uma maior efetividade das políticas monetárias no controlo da inflação e nos estímulos sobre o consumo. Mas, sobretudo, as transações sem dinheiro são mais rápidas e eficientes, pelo que os bancos incorrerão em menos custos ao não terem necessidade de ter uma logística física pesada (ou subcontratarem) para movimentarem o dinheiro.

Pois é, o dinheiro é caro. Nos Estados Unidos, por exemplo, um estudo realizado em 2016 pela Reserva Federal indica que a manutenção de um sistema de tesouraria físico custa ao país cerca de 1% do PIB e que o custo marginal de uma transação é cerca do dobro de uma transação via cartão de débito.

Por isso, não surpreende que governos e bancos centrais esteja a movimentar-se rapidamente em dezenas de países para começar a eliminar o dinheiro físico. A Austrália (100 dólares australianos), Singapura (10 000 dólares), a Venezuela (100 bolívares), os Estados Unidos (50 e 100 dólares) e o Banco Central Europeu já eliminaram (ou propuseram eliminar) as notas de valor mais alto. Portugal em 2017 (a partir de três mil euros), como a França (a partir de 1000 euros), a Suécia (remoção de ATM das zonas rurais) e a Grécia (declaração de dinheiro em cofres acima de 15 000 euros) anteriormente colocaram restrições ao montante das operações de caixa. E, um passo mais à frente, a Coreia do Sul pretende eliminar totalmente o papel-moeda até 2020.

O caso mais mediático foi o que aconteceu na Índia, em novembro de 2016, quando o primeiro-ministro Narendra Modi retirou de circulação as notas de 500 e 1000 rupias, eliminando 86% das notas do país durante uma só noite. A convulsão foi tremenda, até porque os indianos só podiam trocar notas de 500 e 1000 rupias por notas mais elevadas até um limite de quatro mil rúpias por pessoa, tudo o resto teve de ser depositado em bancos, sendo que a bancarização dos indianos é de apenas 50%. Resultado: foram relatadas 112 mortes.

Todavia, após a convulsão inicial, esta desmonetização conduziu à adoção em massa de carteiras móveis num tempo recorde: a taxa de crescimento

A DISRUPÇÃO DOS MEIOS DE PAGAMENTO

- Os pagamentos continuam a ser cada vez mais «cashless», tornando-se menos visíveis para o cliente, à medida que os consumidores transferem as compras para canais online e móveis;
- As empresas de pagamentos estão a sofrer intensas pressões sobre as margens em face da concorrência e de um ambiente regulatório desafiador;
- As distinções regionais entre os ecossistemas de pagamentos estão a crescer, pois o comportamento do cliente e os ambientes regulatórios divergem.

anual composta (CAGR) em 2016 atingiu os 160% e é esperado que o seu peso nas transações totais atinja 57% em 2022, em relação aos cerca de 20% de 2016.

O dinheiro sempre foi o rei, mas a partir do final da década de 90 a conveniência das novas tecnologias ajudou a tornar as transações não monetárias mais viáveis. Tudo começou com a banca online e com os «smartphones», mas agudiza-se agora com as novas tecnologias de pagamento e a criptografia. Em 2015, ocorreram cerca de 450 mil milhões de transações sem dinheiro em todo mundo, o que corresponde a um aumento de 50% em relação aos cinco anos anteriores.

Finalmente, importa sublinhar que esta profunda alteração não nos deve surpreender, pois ao longo da história houve sempre uma estreita relação entre o dinheiro e a tecnologia, ou não fosse a sua evolução marcada por uma série de saltos tecnológicos. Do sal para ouro, mudou de forma, e de transação de mão-para-mão evoluiu para uma transacionalidade informatizada e virtual (desmaterializada), o que acelerou, expandiu e multiplicou várias vezes o seu intercâmbio. A Internet foi crucial neste último estádio de evolução ao desbloquear as redes de intercomunicação, a criar novos comportamentos e a gerar sistemas inovadores que estão a redefinir o conceito de valor.

FIGURA 23: Fatores indutores da economia «cashless»

Indiscutível é que os pagamentos continuam a migrar do dinheiro como meio e a tornarem-se menos visíveis para o cliente, à medida que os consumidores vão também transferindo as suas compras para canais online e móveis. De facto, a quase omnipresença dos smartphones, combinada com a falta de desenvolvimento das soluções financeiras tradicionais, está a impulsionar o desenvolvimento de soluções de pagamento tecnologicamente avançadas e baseadas nesses mesmos dispositivos móveis.

Sem surpresa as grandes empresas tecnológicas estão a desenvolver plataformas de pagamento online para o comércio eletrónico, fazendo, assim, com que os pagamentos se tornem menos visíveis para o cliente, onde a ação de um simples login é suficiente para permitir uma transação em tempo real.

O crescimento do e-commerce está profundamente associado à expansão da economia «cashless». Por exemplo, o forte aumento de vendas que a Amazon tem conhecido — representou 53% do crescimento global do comércio eletrónico dos Estados Unidos em 2016 — está em muito ligado ao sucesso da solução Amazon Prime, que já possui cerca de 80 milhões de assinantes.

A incompatibilidade entre o dinheiro físico e os mercados digitais diz-nos que no futuro os pagamentos só continuarão a avançar para soluções sem a presença de dinheiro. O telemóvel mudará o dinheiro para sempre, fornecendo um meio de troca muito mais conveniente (mais rápido, mais seguro e mais barato), e ao fazê-lo irá desencadear toda uma nova ordem monetária.

5.1. DA TRANSAÇÃO INDEPENDENTE A UMA REDE INDEPENDENTE DE TRANSAÇÕES

A cada dia que passa as transferências e os pagamentos tornam-se cada vez mais fáceis de realizar, mais rápidas e mais baratas, seja onde nos encontremos no mundo. Mas fazer uma transferência nem sempre foi tão simples; pelo contrário, os meios de pagamento foram sempre um motivo de conflito ao longo da história da humanidade.

Antes da invenção do dinheiro, a troca direta de bens e serviços entre indivíduos era a forma de transacionalidade existente. Profundamente descentralizada, na medida em que as transações apenas ocorriam entre pessoas que viviam muito próximas, ou seja, a rede de transações apenas ocorria em pequenos «clusters» e eram muito irregulares.

FIGURA 24: Evolução histórica das formas de pagamento

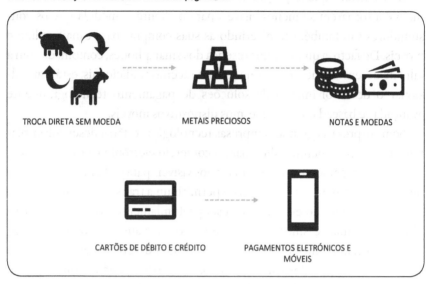

Com o advento do dinheiro, os nossos antepassados atribuíram aos bens um valor simbólico no tempo e no espaço. Em vez de trocarem diretamente uma vaca por um cabra, passaram a poder trocar a vaca por dinheiro e o dinheiro por uma cabra (ou algo de valor similar). Estávamos, no entanto, ainda num período de transações individualizadas/descentralizadas, feitas através de dinheiro-mercadoria, materiais com valor intrínseco (ouro, sal, cobre etc.) que eram utilizados como intermediários nas trocas comerciais.

A emergência dos Estados-Nação traz consigo o nascimento do dinheiro fiduciário, sem valor intrínseco (notas, moedas e cheques), e com ele o forte crescimento do comércio.[16] As transações deixam de ser tão arbitrárias, para começarem a concentrar-se à volta de uma moeda regional. Por sua vez, um sistema de moeda baseado na confiança deu azo ao aparecimento do crédito, com uma parte a emprestar a outra, dinheiro contra a devolução do dinheiro inicial mais um juro remuneratório.

---

[16] A primeira moeda de metal padronizada foi introduzida, no século VII a. C., pelo pequeno reino de Lídia (região da atual Turquia). O papel-moeda foi utilizado pela primeira vez na China, por volta de 806 d. C., mas apenas globalmente aceite em todo império apenas a partir de 960 d. C. Na Europa o primeiro país a emitir papel-moeda foi a Suécia, em 1661.

Os bancos surgem neste contexto, da necessidade de ligarem os aforradores com os devedores, incrementando ainda mais as transações de dinheiro, criando novos mercados e estabelecendo-se eles mesmos como os principais intermediários de uma economia. Numa simbiose perfeita, bancos e Estados encontraram a fórmula de potenciar o crescimento económico global.

Nesta fase o dinheiro passou a circular em redes profundamente centralizadas, com os bancos centrais a constituírem-se como os nós principais de uma rede densamente composta por múltiplos bancos comerciais. O nosso tempo define-se neste estádio de evolução, a que se deve acrescentar apenas os valores mobiliários (sobretudo ações e obrigações), que vieram adensar ainda mais o poder das instituições centralizadoras na transacionalidade do dinheiro. O último quarto do século XIX até à entrada no século XXI revê-se neste quadro transacional, onde o Estado, os bancos centrais e comerciais, as bolsas de valores e entidades regulatórias e de supervisão dominam.

Todavia, a verdadeira globalização do dinheiro e do comércio apenas ocorre com a criação da Internet, que estabelece uma rede financeira de uma escala, complexidade e riqueza sem precedentes. As comunicações globais em tempo real revolucionaram e aceleraram a globalização da confiança, que está na base das transações financeiras.

Com a era dos satélites de comunicações e dos cabos transatlânticos as redes centralizadas que controlam as transações de dinheiro foram abaladas e, muito provavelmente, mudadas para sempre. A Internet está a proporcionar o nascimento de redes de transação onde os nós se conectam de forma independente, sem terem de ser homologados por bancos, Estados ou outros intermediários. A transacionalidade que nasceu com a Internet é suportada numa rede algorítmica, onde o «poder» está completamente horizontalizado, ou seja, apenas intervêm as partes que querem fazer a transação, sem intermediação e regulação verticalizada. Esta é a era da Bitcoin, das moedas virtuais, que estão a explodir num mundo onde, de acordo com as Nações Unidas, em 2063 cerca de 90% da população mundial estará ligada online.

A maioria das inovações nos meios de pagamento vão modificar profundamente os processos «front-end», melhorando a experiência do cliente e do comerciante e deixando a infraestrutura de pagamentos subjacente a funcionar permanentemente sem interrupção. Daqui decorre a forte redução do uso de dinheiro e o processamento dos pagamentos de uma forma menos visível para todas as partes envolvidas.

Levou cerca de 1100 anos para se passar do papel-moeda para o plástico, 50 anos para passar do plástico para o digital e apenas 10 anos para passar do digital para o móvel.

Mas se o dinheiro é uma das maiores abstrações que os seres humanos já inventaram, volvidas todas estas décadas em que o dinheiro começou a ser eletrónico, a verdade é que continuamos a agarrar-nos ao dinheiro físico, num vestígio singular de eras anteriores, quando o dinheiro era representado por discos de pedra gigantes ou peças de ouro brilhantes. Não está fácil ver-nos livres do dinheiro físico de vez, mas a tendência é inexorável.

5.2. PAGAMENTOS ELETRÓNICOS

A primeira grande revolução nos meios de pagamento nesta era «cashless» deu-se com a introdução dos cartões de crédito na década de 50 do século passado.[17] O aparecimento da ATM em 1968, a invenção pela IBM da faixa magnética nos cartões um ano mais tarde e a criação do cartão de débito em 1978 deram um novo impulso aos meios de pagamento. Contudo, é com as transferências eletrónicas, no dealbar da década de 90, que se dá o grande salto qualitativo nos meios de pagamento: a era online.

A estrutura base destas transações assenta na existência de vários intermediários, que trazem ao processo aceitação, conveniência e segurança, sendo geralmente coordenadas por redes de pagamento de grande escala. Os seus benefícios são inúmeros, pelo que em escassos anos conquistaram o mercado: cerca de 80% dos consumidores no espaço da UE já utilizam esta forma de transação e entre 50%–60% nos EUA e Reino Unido.

Em termos médios, um em cada cinco consumidores já recorrem ao e-commerce, que só funciona neste modelo eletrónico de pagamento, sendo que quem o faz são os consumidores mais jovens, mas também aqueles que têm um nível de rendimentos mais elevados. A trajetória é crescente e imparável. De acordo com um estudo realizado em 2017 pela Business Insider,

---

[17] O Diners Club é reconhecido como a origem do primeiro cartão de crédito universalmente reconhecido, sendo que inicialmente só permitia fazer compras em 27 restaurantes de Nova Iorque. Estávamos em 1950. Em 1958 foi emitido o primeiro cartão American Express, esse sim um cartão de crédito tal como o conhecemos hoje, que em apenas cinco anos passou a ser utilizado por mais de um milhão de clientes.

a taxa de crescimento média compósita (CAGR) dos pagamentos feitos por telemóvel, entre 2013 e 2018, será de 154%, ascendendo a 189 mil milhões de dólares.

Acresce que muitos dos países menos desenvolvidos e bancarizados têm aqui uma excelente oportunidade para darem um «salto» tecnológico, passando à frente o modelo tradicional de intermediação física dos bancos. Por exemplo, a África Subsariana, onde a taxa de bancarização é apenas de 25%, tem já hoje uma taxa de penetração de telemóvel de 60%; caso todos os países desta região de 926 milhões de habitantes — mas que a ONU estima alcançar os 2,2 mil milhões em 2050 — atinjam o atual nível de penetração dos pagamentos digitais do Quénia (86% das famílias), o crescimento deste tipo de transacionalidade vai ser colossal.

No Reino Unido, o Payments Council — um órgão de coordenação de toda a indústria financeira, criado em 2007 por ordem do governo — está a trabalhar na criação de uma infraestrutura nacional de pagamentos móveis. Na França, as operadoras de telecomunicações móveis e os bancos associaram-se para lançar um sistema de pagamentos móvel «contactless», o que permite que uma plataforma com suporte de chips transfira dinheiro quando é realizada perto do leitor. A Alemanha fez o mesmo, mas sem os bancos. Nos Estados Unidos, a Google está a aprimorar com a Sprint e a MasterCard o Google Wallet, enquanto a AT&T, a Verizon e os seus parceiros estão a planear o lançamento de um rival denominado Isis Mobile Wallet; o Facebook integrou um serviço de transferência de dinheiro no Facebook Messenger, permitindo aos utilizadores ligarem cartões de débito e transferirem dinheiro tão facilmente quanto enviam um texto. No Snapchat, os utilizadores podem simplesmente digitar o símbolo da moeda (dólar ou euro) e o valor no «chat», confirmar e o dinheiro será enviado do cartão de débito fornecido.

Os seus benefícios principais evidenciam-se na conveniência para comerciantes e consumidores, reduzindo a necessidade de transportarem dinheiro e, dessa forma, os custos associados; mas também na eficiência na gestão da tesouraria das empresas, decorrente da redução dos movimentos de dinheiro, na rastreabilidade que permite um maior grau de visibilidade do fluxo de dinheiro para instituições financeiras e reguladores, facilitando a tributação, a transparência e a recolha de informações, e na proteção face a fraudes e roubos.

Um dos principais benefícios dos pagamentos eletrónicos é a integração de dados no Big Data e, por essa via, proporcionar análises preditivas com um elevado grau de certeza. Os vendedores terão a capacidade de associar as compras diretamente com uma localização (GPS), ao comportamento do consumidor, ao seu histórico de compras, a dados demográficos e à influência social desse consumidor. Analisar toda esta informação permitirá que as empresas se dirijam aos consumidores com ofertas personalizadas, programas de fidelidade e bónus específicos.

5.2.1. PAGAMENTOS MÓVEIS

A maior ameaça a curto prazo para o dinheiro físico vem dos pagamentos móveis, onde o smartphone funciona como cartão de crédito, armazenando os dados e comunicando com o pequeno terminal do cartão dos comerciantes através de uma tecnologia de rádio denominada «Near Field Communication» (NFC).

Assim, depois da transformação eletrónica dos meios de pagamento, a nova fronteira foi colocada na mobilidade da execução desses pagamentos. Não se tratou de uma inovação que veio pôr em causa o processo de pagamentos instalado, mas sim modificar ainda mais o «front-end» e melhor a experiência do consumidor e do comerciante. Por força disso, também se trata de uma inovação disruptiva.

As transferências móveis vieram acrescentar simplicidade ao processo, pois permitem que os clientes efetuem as suas transferências/pagamentos através de simples toques nos «smartphones», bem como interoperacionalidade ao permitir a utilização de vários métodos de pagamento em simultâneo (por exemplo, vários cartões de crédito, de débito e contas bancárias distintas).

Este incentivo à mobilidade dos pagamentos beneficia também do facto de ser o setor dos serviços aquele que possui um maior potencial de penetração. É nos autocarros, nos cafés e supermercados que se realiza a maior parte dos micropagamentos, a estandardização dos pagamentos das «utilities» são um alvo evidente de eficiência, bem como os pagamentos entre indivíduos e empresas.

A utilização da banca móvel tem um efeito prático imediato na redução dos custos, em primeira linha para os operadores e, como consequência disso mesmo, para os clientes/utilizadores. À custa disso mesmo, muitos bancos estão a estabelecer uma ligação direta entre o fecho de alguns balcões e o crescimento da penetração da banca móvel — Lloyds Bank, Capital One, UBS e Citibank assumem claramente esse discurso — e quem não o faz não deixa seguramente de contrapesar a descontinuação do balcão com a complementaridade da banca móvel.

De acordo com o estudo «Mobile Banking, a Catalyst for Improving Bank Performance», realizado pela consultora Deloitte, o custo médio de transação por balcão ascende a quatro dólares, enquanto por banca móvel apenas custa em média oito cêntimos, ou seja, 1/50! E a comparação com os demais meios de pagamento é igualmente favorável em toda a linha para o «mobile banking»: através de «call-center» o custo médio por transferência é de 3,76 dólares e em ATM de 80 cêntimos (10 vezes mais).

Do ponto de vista de poupança acumulada global para os bancos, a mesma Deloitte estimou-a em 5,6 milhões de dólares por cada 100 mil clientes que passam a utilizar a banca móvel, preterindo o método convencional de recorrer à transação manual.

A desmaterialização dos pagamentos também incrementa a fragmentação desses mesmos pagamentos. Isto é, com as carteiras digitais os consumidores ficam livres da limitação de utilizarem um número limitado de cartões; o que, num cenário-base de consciência financeira, permitirá ao consumidor tomar a melhor decisão, afetando a uma determinada compra o cartão que lhe traz mais vantagens.

Os cartões de fidelização dos próprios comerciantes, como é o caso em Portugal do cartão Continente, ficam claramente a ganhar. Trata-se de uma

FIGURA 25: O processo de pagamento eletrónico/móvel

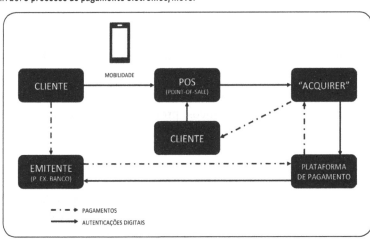

grande oportunidade para os comerciantes entrarem diretamente no ecossistema de pagamentos, através das suas soluções «private label», e com isso ganharem um maior conhecimento dos padrões de consumo dos seus clientes.

A importância desta desmaterialização dos pagamentos é evidenciada pelo elevado número de «players» que já se encontram neste mercado e a investir fortemente no seu desenvolvimento. A Google e a Apple estão no segmento de processamento de pagamentos nos pontos de venda, respetivamente, com o Google Wallet e o Apple Pay, tal como estão globalmente nas redes de pagamento as multinacionais Visa (Visa Checkout), MasterCard (MasterPass), American Express e Android Pay.

Todas as soluções desenvolvidas pelas empresas citadas são denominadas de pagamentos móveis «open-loop»: usam o ecossistema de rede de pagamentos existente, para se conectarem às diferentes partes da transação que já estão nas suas plataformas online. Já o PayPal, a LevelUp e a UB Pay vão mais longe, através de soluções de pagamento móveis «closed-loop», na medida em que consolidam na sua plataforma a figura do POS, do «acquirer» e de toda a rede de autenticação dos pagamentos.

5.2.2. PAGAMENTOS/TRANSFERÊNCIAS POR BLOCKCHAIN

Apesar de a mobilidade agilizar todo o processo de pagamentos, a verdade é que hoje em dia milhares de milhões de euros de pagamentos são processados em todo o mundo através de um sistema antiquado, lento e caro.

Se um trabalhador está em Nova Iorque e deseja enviar parte do seu salário para a família que se encontra no Porto, entre as várias comissões a pagar, sabe que, em termos médios, vai ficar sem 7,68% do valor transferido. E isto sem considerar a comissão cambial, a que acresce o tempo de processamento, pois o banco da sua família só registará a transação até cerca de uma semana depois. Ou seja, o negócio dos meios de pagamento e transferências é altamente rentável para os bancos, proporcionando-lhes muito poucos incentivos para reduzirem as comissões.[18]

---

[18] Cerca de 10% dos proveitos do grupo Santander têm origem nos pagamentos/transferências internacionais; de acordo com o R&C de 2016, o Santander teve receitas totais neste negócio de 585 milhões de euros, repartidas da seguinte forma: 290 milhões em «fees» cambiais, 163 milhões em comissões várias e 132 milhões como banco correspondente.

No primeiro patamar do longo processo temos o indivíduo ou a empresa que pretende transferir internacionalmente dinheiro (remetente) para outro indivíduo ou empresa (beneficiário), instruindo para o efeito o seu banco ou empresas especializadas em transferência de dinheiro internacionalmente através de uma rede global de agentes (por exemplo, Western Union). Estas instituições recebem os fundos (e cobram as suas comissões) e transferem-nos através da rede SWIFT (serviço de compensação e de mensagens seguras interbancárias) ou de bancos correspondentes (bancos que têm acesso ao mercado cambial por grosso e facilitam as transferências através de contas *nostro* e SWIFT).

> **TRANSFERÊNCIAS INTERNACIONAIS VIA BLOCKCHAIN**
> • Liquidação em tempo real;
> • Aumento da rentabilidade para os bancos com a redução dos custos de oportunidade da retenção de liquidez e dos custos operacionais;
> • Redução dos custos para os clientes;
> • Maior transparência.

Note-se aqui que o protocolo centralizado SWIFT na verdade não envia os fundos, mas simplesmente envia as ordens de pagamento. O dinheiro real é então processado através de um sistema de intermediários, e cada intermediário adiciona um custo e gera um potencial risco operacional (60% dos pagamentos B2B exigem intervenção manual e consomem, em média, entre 15-20 minutos).

Só depois o banco do beneficiário recebe os fundos e notifica o seu cliente da transferência dos fundos. Finalmente, entra em campo o regulador, pois, periodicamente, de acordo com as regulamentações locais, as instituições financeiras do ordenador e do beneficiário têm de fornecer relatórios aos reguladores com detalhes das transações (por exemplo, identificação de remetente e beneficiário, moedas envolvidas, quantidade transferida etc.).

A Figura 26 identifica todos os passos que uma transferência internacional tem de dar para que se concretize (incluindo quando a moeda de origem e de destino são distintas). Uma simples transferência bancária — de uma conta para outra — tem associado um sistema complexo de intermediários, de bancos correspondentes a serviços de custódia, antes de chegar a qualquer tipo de destino.

Este longo percurso tem várias fontes de ineficiência: desde logo no processo de recolha de informação sobre o remetente e o beneficiário, que são recolhidas por processos manuais e repetitivos, e onde se verifica um KYC vulnerável, pois existe um controlo limitado sobre a veracidade da informação e da documentação de suporte; como principal consequência (ineficiência) apresenta-se o custo e a demora dos pagamentos; quando é utilizado um banco correspondente, uma vez que a informação é validada outra vez, tal resulta numa elevada taxa de rejeição, a que acresce os custos de oportunidade pela retenção de liquidez em *contas nostro*; finalmente, as exigências dos reguladores acrescentam custos operacionais de tratamento da informação que encarecem mais ainda as transferências.

FIGURA 26: Sistema clássico de transferências

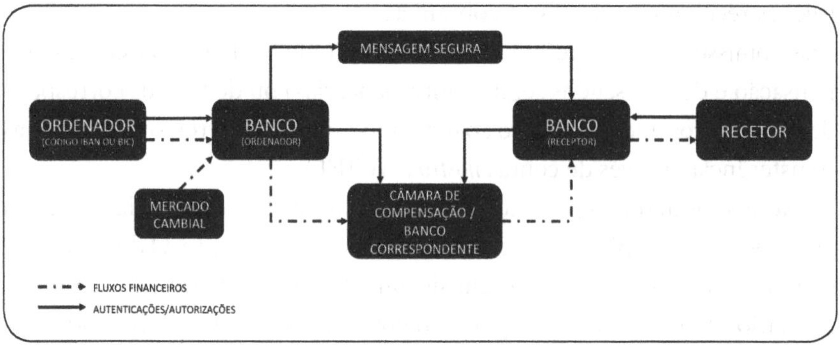

Em suma, o facto de uma transferência bancária em média — como descrito acima — demorar três dias para ser processada tem muito a ver com a forma como a infraestrutura financeira está construída. E este não é só um problema para o cliente, pois fazer circular dinheiro pelo mundo é um pesadelo logístico para os próprios bancos.

A situação é insustentável. O negócio financeiro das transferências/pagamentos internacionais está a crescer de uma forma rápida e constante: o volume de pagamentos globais está a aumentar a uma taxa aproximada de 5% ao ano em todo o mundo (especialmente na Ásia, onde a China superou em 2017 o Brasil como a terceira maior área de pagamento, após os Estados Unidos e a Eurozona). O e-commerce transfronteiriço também aumentou exponencialmente nos últimos anos, o que contribuiu para o crescimento dos pagamentos internacionais «person-to-business», e espera-se que cresça substancialmente nos próximos anos. O volume significativo de remessas internacionais, que representam o maior tipo de transferências «person-to-person», deverá continuar a crescer nos próximos anos, à medida que a perspetiva económica global melhorar e a tendência migratória internacional continuar a reforçar-se.

Apesar de alguns desenvolvimentos promissores nas transferências internacionais, as melhorias no mercado de pagamentos doméstico foram mais abrangentes. De igual forma as margens de lucro continuam altas, decorrente de o custo médio para o cliente final (emissor da transferência) ainda ser de cerca de 8% do valor transferido.

É aqui que entra a blockchain, oferecendo uma forma de segurança e com menor custo para enviar pagamentos P2P, sem necessitar de nenhum intermediário. Ao fazê-lo, a tecnologia blockchain está a dar às pessoas acesso a pagamentos rápidos, baratos e sem fronteiras. As transações em Bitcoin podem levar 30 minutos ou até 16 horas — em casos extremos, o que ainda mostra não ser um sistema perfeito, mas representa uma vantagem incomensurável face ao tempo médio de processamento de três dias nas atuais transferências bancárias.

A cadeia de blocos, em vez de usar o SWIFT para conciliar a posição líquida de cada instituição financeira, pode constituir-se como uma blockchain interbancária para acompanhar todas as transações de forma pública e transparente. Isso significa que, em vez da infraestrutura de transferências estar assente numa rede de serviços de custódia e bancos correspondentes, as transações podem ser liquidadas diretamente na blockchain.

As mensagens SWIFT são de sentido único, bem como e-mails, o que significa que as transações não podem ser liquidadas até que cada parte tenha analisado a transação; ao integrar-se as transações diretamente numa infraestrutura única, a blockchain fornece aos bancos um protocolo de comunicação mais rápido e bidirecional que permite mensagens e liquidação em tempo real.

Deste modo, o digital da tecnologia DLT resolve grande parte destas ineficiências. A criação de um perfil digital para o beneficiário/ordenador elimina os passos manuais na inserção da operação, enquanto a elaboração de um contrato via «blockchain» integra todas as instruções da transferência (ID do ordenador e beneficiário, a taxa de câmbio, o montante a transferir e a data), sendo que, se necessária a conversão cambial, é processada no ato da transferência. Este «contrato inteligente» permite, assim, a transferência de fundos em tempo real, com taxas mínimas e com entrega garantida dos fundos sem necessidade de bancos correspondentes. Para além disto, o regulador pode monitorizar as transações em tempo real e receber alertas específicos.

Os bancos estimam que a construção de uma blockchain interbancária pode reduzir os custos globais do setor financeiro em cerca de 20 mil milhões de euros anualmente. Só os custos de infraestrutura respondem, em média, por cerca de 30% dos custos da transferência.

FIGURA 27: Custos de infraestrutura nas transferências internacionais

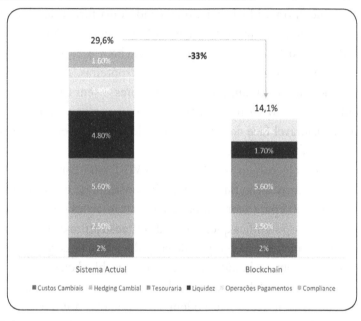

Fonte: Ripple

Os bancos correspondentes serão indiscutivelmente os mais afetados com esta revolução digital, na medida em que o seu papel passa a ser dispensável pelo facto de a tecnologia DLT colocar em contacto direto os bancos do ordenador e do beneficiário. E o sistema SWIFT subsistirá? (fica como questão).

A alteração da estrutura de custos associados às transferências, que passa a ser sempre igual, independentemente do montante, possibilitará o aumento ainda maior deste segmento do negócio, uma vez que os micropagamentos passarão a ser competitivos.

As transferências internacionais são uma parte do que podemos designar por «trade-finance», que agrega todos os processos pelo qual os importadores e os exportadores mitigam o risco comercial através do uso de intermediários da sua confiança. As instituições financeiras servem de intermediário confiável que fornece essa garantia aos vendedores (no caso de o comprador não pagar) e certeza de cumprimento do contrato aos compradores (no caso de os bens não serem recebidos).

> **CDI VIA BLOCKCHAIN**
> • Abertura, validação e liquidação automática da carta de crédito;
> • Transparência regulatória;
> • Economia de custos.

O comércio internacional tem, mais não seja pela distância a que se encontram as contrapartes, riscos, que os bancos tentam mitigar com diferentes produtos, os quais têm diferentes graus de segurança para se ajustarem à maior ou menor perceção do risco por parte da empresa.

O risco de crédito, inerente a qualquer mercado, encontra-se também aqui presente, a que se junta o risco de fraude que a tal distância referida exponencia. Do lado do importador do nacional, nota importante para o risco de produção, ou seja, após a encomenda feita o fornecedor evidencia incapacidade em executar o contrato de fornecimento por motivos de ordem técnica ou financeira, ou pura e simplesmente cancela/altera unilateralmente as encomendas.

Indissociáveis à realidade do comércio internacional são os riscos de transferência, cambiais e políticos. A realidade que se vive no mercado angolano desde 2014, após a forte redução do preço de petróleo e a correspondente redução abrupta de divisas, é o exemplo perfeito do risco de transferência. Ou seja, apesar de os clientes locais evidenciarem ter meios de pagamento em moeda autóctone, a escassez de moedas internacionalmente transacionáveis (dólares e euros) continua a gerar forte atrasos nas transações. O risco político muitas vezes está também na origem do risco de transferência, decorrente de acontecimentos político-militares que ocorrem e que impedem as partes de cumprir os seus contratos.

O risco cambial é aquele mais facilmente admitido e comum de ocorrer, pois todas as empresas têm para elas claro que podem existir movimentos desfavoráveis da moeda do contrato face à moeda de cada contraparte.

A oferta bancária para as soluções de estrangeiro está diretamente correlacionada com o grau de risco da operação ou com o nível de confiança que existe entre as partes. Assim, o produto a escolher deve ter em consideração a confiança entre o exportador e o importador, mas também o grau de segurança que se pretende conferir à transação, bem como o custo da mesma.

FIGURA 28: Risco e oferta de «trade-finance»

De entre os produtos da oferta de «trade-finance», os créditos documentários são aqueles que garantem uma maior segurança à transação, o que se traduz também numa maior complexidade e custo. O crédito documentário tem a particularidade de ser um acordo irrevogável.

Assim, através desse acordo, o banco compromete-se, por conta e ordem do seu cliente ou por sua conta, a aceitar e/ou pagar a um terceiro, ou à sua ordem, um montante determinado contra a apresentação dos documentos estipulados, desde que todos os termos e condições de crédito sejam cumpridos. Deste modo, o beneficiário, desde que cumpra os termos e condições da abertura de crédito, isto é, apresente os documentos exigidos em boa ordem e dentro do prazo de validade do crédito, receberá o respetivo montante à vista ou em data diferida.

Com a materialização do circuito exposto nas Figuras 30 e 31, quer exportador quer importador ficam plenamente seguros. Ao importador é-lhe garantido que o banco só procederá ao pagamento da mercadoria contra a apresentação da documentação por si exigida e se forem cumpridas todas as instruções da carta de crédito; e o exportador salvaguarda o pagamento da sua exportação, caso o mesmo cumpra escrupulosamente com os termos e condições expressos na carta de crédito.

Para além das questões da erradicação de riscos, os créditos documentários também têm implicações financeiras para as partes envolvidas: o exportador pode descontar junto do banco os documentos negociados na carta de crédito, antecipando as receitas da exportação; e o importador não tem de pagar antecipadamente (parcial ou total).

O processo é seguro, mas está longe de ser rápido e barato. Na base disto está, essencialmente, o elevado grau de tratamento manual que este

FIGURA 29: Abertura de um crédito documentário de importação

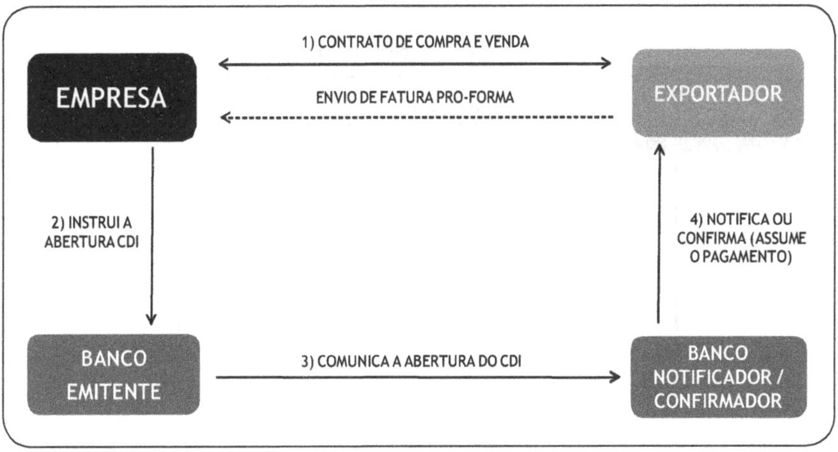

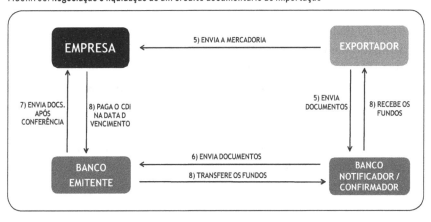

FIGURA 30: Negociação e liquidação de um crédito documentário de importação

produto ainda acarreta: a abertura da carta de crédito pelo banco do importador é feita manualmente, bem como a conferência de todos os documentos comerciais associados ao CDI, sendo o mesmo procedimento replicado do lado do banco do exportador.

A tecnologia e os seus «contratos inteligentes» podem melhorar este processo e manter o mesmo grau de segurança/confiança exigido pelas partes comerciais? A resposta é sim. Uma vez mais os «smart contracts», com o seu repositório de informação digital inviolável, permitem automatizar grande parte dos processos do CDI.

FIGURA 31: CDI simplificado via «blockchain»

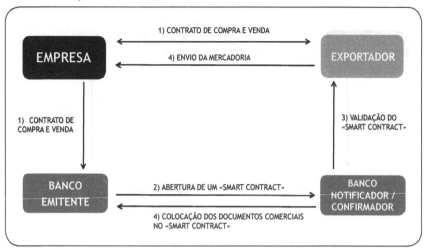

Após estabelecer-se entre as partes o acordo de compra e venda, este é partilhado com o banco do importador através de um «contrato inteligente», que constrói automaticamente a carta de crédito com base nas instruções dadas pelo seu cliente. O banco do exportador analisa a carta de crédito e, uma vez aprovado um «contrato inteligente» gerado para cobrir os termos e condições da carta de crédito, o exportador assina digitalmente a carta de crédito para iniciar a produção e/ou envio da mercadoria. Os produtos são inspecionados por uma organização independente e pelo agente alfandegário do país de origem (todos exigindo uma assinatura digital para aprovação) e os bens são transportados para o país do importador e inspecionados por agentes alfandegários locais antes de serem recebidos pelo importador; finalmente, este último aceita digitalmente o recebimento das mercadorias, que dá início ao pagamento por parte do seu banco ao banco do exportador.

A digitalização segura da tecnologia DLT vai propiciar uma forte redução do tempo e, concomitantemente, do custo do produto: os documentos associados ao processo são validados e estão acessíveis através do «contrato inteligente» e tudo em tempo real; com a desintermediação é eliminada a necessidade de bancos correspondentes, sem pôr em risco a transparência quanto à localização e propriedade dos bens; por último, também a liquidação é automatizada.

5.3. IDENTIFICAÇÃO BIOMÉTRICA E PAGAMENTOS «CONTACTLESS»

Nunca a expressão «o futuro é agora» fez tanto sentido. Para se fazer uma transação de uma conta bancária, o primeiro passo a cumprir é a verificação da identidade do ordenador; com o acelerar da tecnologia que faz essa verificação também a eficiência das transferências melhora a olhos vistos. O futuro passa pela biometria e «hardware» inteligente, onde a verificação pode ser feita com um simples toque num «smartphone» ou a aposição de uma impressão digital. À medida que as redes assumem a função de identificação, os seus algoritmos, cada vez mais sofisticados, oferecerão uma precisão e objetividade sem precedentes. Isso significa mais segurança e menos fraude.

A biometria, sobretudo através de impressões digitais, já é usada para identificar o utilizador e autorizar a transferência de fundos. Muitas vezes, o sistema usa um sistema duplo de autenticação, no qual o «scan» digital é seguido pela inscrição de um PIN (número de identificação pessoal), proporcionando uma segurança sem precedentes.

A Paytango possui um leitor de impressão digital no ponto de venda, através da criação de uma conta que liga a impressão digital dos clientes com os seus cartões e PIN; assim, no TPA só têm simplesmente de pressionar o dedo indicador no leitor para se autenticarem, o que leva menos de seis segundos. A Nymi é uma pulseira que usa o ritmo cardíaco para autenticar a identidade, ao mesmo tempo que proporciona a interação com outros dispositivos como um símbolo de autenticidade. A Uniqul é um sistema de pagamento através de reconhecimento facial do cliente, sendo por isso atualmente o sistema mais rápido, uma vez que não carece de qualquer PIN e o reconhecimento facial é quase imediato.

As Near Field Communications (NFC) — literalmente «tecnologias de comunicação de proximidade» — estão também a alimentar as transações «sem contacto» nas lojas. Um cliente pode digitalizar um código de barras 2D, colocar o «smartphone» numa máquina NFC ou fazer «check-in» com um comerciante próximo para autorizar transações de contas vinculadas.

A mesma característica tem o «logon» único, que permite que o cliente faça o «login» uma vez e obtenha acesso a vários sistemas de software ao mesmo tempo. Este processo reduz a fadiga, o tempo gasto e o suporte necessário para gerir diferentes combinações da identidade do cliente com a senha de acesso.

Através de um complemento de «hardware» para «smartphones», que usa a localização do cliente no ato de pagamento, permitir o processamento de cartão de crédito; assim, como alternativa à autorização tradicional do cartão de crédito, estes «mobile credit card readers» oferecem uma maior independência e um menor custo de instalação para sistemas de pagamento. A Square é uma solução para comerciantes e consumidores usando apenas dispositivos móveis, permitindo que os clientes configurem um conjunto de pagamentos através do armazenamento digital — via um aplicativo que se anexa ao telemóvel — de um cartão de crédito, débito ou «gift card».

FIGURA 32: **Aceleradores da economia «contactless»**

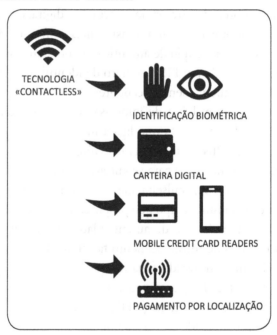

As carteiras digitais hoje já fazem mais do que as suas homólogas de couro. As «digital wallets» estão a agilizar as transações e a movimentar uma série de novas moedas, sendo expectável nos próximos tempos aparecerem múltiplos aplicativos para «smartphone» que permitam armazenar, sincronizar, rastrear e compartilhar o conteúdo da «carteira digital» em dispositivos e permitir que o cliente pague em criptomoedas.

Todas estas tecnologias simplificam os sistemas de pagamento, minimizam a infraestrutura e reduzem os custos. Mas a inovação financeira na área dos pagamentos não para por aqui, sendo as criptomoedas a nova fronteira que está a ser conquistada e expandida.

5.4. A LIBERALIZADORA DIRETIVA PSD2

A UE está a contribuir de forma definitiva para acelerar da economia «cashless» com a entrada em vigor, a partir de janeiro de 2018, da revisão da Diretiva dos Serviços de Pagamentos (2009), mais conhecida pela sigla anglo-saxónica PSD2 (Payment Services Directive 2)[19]. O objetivo primeiro é contribuir para a criação de um mercado único de serviços de pagamento na Europa mais integrado, acabando com o monopólio que as instituições financeiras têm sobre a informação financeira dos seus clientes e sobre os serviços de pagamentos.

Isto significa que qualquer empresa, devidamente licenciada, mas sem estar sujeita à pesada regulação financeira, pode (se os clientes bancários autorizarem) passar a ter informação sobre as contas bancárias das pessoas, que podem passar, assim, a ter uma linha direta para iniciar a transferência.

É impossível prever, nesta fase, o que isto vai significar para o negócio da banca, que terá de reagir e de se reinventar, em certa medida, para continuar a ser vista como essencial na vida das pessoas. Mas a consultora Roland Berger estima que os bancos podem perder entre 25% e 40% do negócio. Para estes consultores, os bancos enfrentam um risco de perda da relação do dia-a-dia com os clientes pela transferência dos serviços de gestão financeira e de pagamentos para plataformas online ou mobile de novos operadores, que não se encontram restringidos pela infraestrutura bancária existente. Se nada fizerem, o papel dos bancos estaria gradualmente condenado à função de fábrica de produtos financeiros; no entanto, se desenvolverem as suas próprias soluções de agregação e de iniciação de pagamentos, a nova diretiva pode ser vista como uma oportunidade para a banca.

---

[19] Diretiva (UE) 2015/2366 do Parlamento Europeu e do Conselho de 25 de novembro de 2015, relativa aos serviços de pagamento no mercado interno, que altera as Diretivas 2002/65/CE, 2009/110/CE e 2013/36/UE e o Regulamento (UE) n.º 1093/2010, e que revoga a Diretiva 2007/64/CE.

A primeira versão da diretiva criou a área única de pagamentos de retalho na Europa, conhecida por SEPA (Single Euro Payments Area), que diminuiu o tempo de processamento de pagamentos e reduziu e uniformizou as comissões sobre operações internacionais. A revisão da diretiva, publicada em novembro de 2015, procura agora aumentar a concorrência bancária obrigando os bancos a abrirem o acesso à informação sobre a conta à ordem dos seus clientes a novos operadores.

Com a entrada em vigor da diretiva surgem duas novas funcionalidades:

- Acesso às contas, criando condições para que qualquer cliente (particular ou empresa) possa autorizar o seu banco a dar acesso à informação das suas contas de pagamento a outros prestadores de serviços devidamente autorizados pelos reguladores nacionais — Third Party Provider (TPP);
- Iniciação de pagamentos, criando as condições para que qualquer TPP aceda à informação sobre a disponibilidade de fundos e possa iniciar um pagamento em nome do seu cliente.

Desta forma, surgem no mercado três novos intervenientes:

- Os AISP — Account Information Services Providers: entidades que agregam, online, informações de múltiplas contas de pagamentos e oferecem aos seus clientes uma visão global da sua posição financeira diária, num único local, permitindo uma melhor gestão da mesma;
- Os PISP — Payment Initiation Services Providers: entidades que facilitam o acesso a métodos de pagamentos alternativos ao uso de cartões débito ou crédito;
- Os ASPSP — Account Servicing Payment Service Providers: entidades que disponibilizam e detêm as contas de pagamentos dos consumidores.

No primeiro caso, em termos práticos, vamos ter uma situação em que alguém que tem várias contas bancárias, com depósitos num lado, créditos no outro, investimentos noutro, se o autorizar, os bancos irão aceder a essa informação integrada; decorrente desse serviço, instantaneamente, o cliente pode ter informação sobre quanto tem na conta à ordem, quanto tem na poupança, quanto irá pagar nas próximas prestações de crédito, quanto está no PPR ou quanto está a render o fundo de investimento que fez para a educação dos filhos.

Em resumo, com a Diretiva PSD2 os bancos são obrigados a permitir o acesso aos dados dos seus clientes por parte de outros prestadores de serviço externos, de forma segura e em tempo real, desde que tenham permissão do proprietário da conta. Por exemplo, isso significa que um banco como o Lloyds agora está obrigado a partilhar informações da conta de um seu cliente com uma aplicação móvel como a britânica Revolut.

Esta é claramente uma grande oportunidade para as empresas de tecnologia financeira, que tendem a especializar-se numa determinada área do negócio bancário e, com esta alteração introduzida pela PSD2, permitirá que ampliem os serviços e aprofundem o relacionamento com os clientes dos bancos tradicionais.

As aplicações móveis vão poder aprofundar a sua intromissão na cadeia de valor das transferências bancária. Assim, enquanto a cadeia de valor pré--PSD2 era amplamente controlada pelos bancos de retalho, a diretiva PSD2 permitirá uma descentralização muito maior, com claros ganhos (de custos) para os clientes.

Contudo, apesar das grandes mudanças que estão a caminho, os bancos tradicionais ainda estão com uma posição forte, pois beneficiam da grande base de clientes que acumularam, das marcas fortes e confiáveis, e, sobretudo, do relacionamento de longa data que estabeleceram. Assim, sem surpresa, constata-se que, em 2017, os movimentos de pagamentos/transferências efetuados através dos bancos ainda superavam em cinco vezes aqueles que foram feitos via apps de fintechs.

FIGURA 33: As fintechs ganham espaço com a PSD2

Concomitantemente com a PSD2, a UE está a pôr em prática duas outras grandes mudanças relacionadas com os pagamentos, como parte do IFR (Interchange Fee Regulation):

- Limitação das taxas de transferência a 0,2 e 0,3% do valor da transação, para débito e crédito, respetivamente; e
- Deixar cair a regra denominada de «honrar todos os cartões», que se traduz em proibir que os comerciantes façam uma aceitação seletiva do cartão, e em vez disso, após os cartões serem classificados por categoria, os revendedores podem escolher qual a categoria de cartões aceitar.

Em tom de conclusão, acompanhando as mudanças globais nos padrões de comércio, os meios de pagamento e os canais onde estes se processam tendem naturalmente a afastarem-se do dinheiro físico, para soluções simples e com menos fricções (custos e riscos operacionais). Acresce a esta realidade a quase omnipresença dos smartphones no nosso dia-a-dia, que está a impulsionar o desenvolvimento de soluções tecnologicamente avançadas e baseadas nesses dispositivos móveis para pagamentos.

Os bancos e as demais empresas financeiras prestadoras de serviços de pagamento e transferências estão a sofrer uma intensa pressão sobre as margens, em face da concorrência e de um ambiente regulatório desafiador. De facto, várias jurisdições, incluindo a UE, o Canadá e a Austrália, já aprovaram legislação que limita as comissões cobradas nas transações, limitando assim a rentabilidade de todos os intermediários. O declínio na rentabilidade vai forçar os operadores históricos a procurar em outros lugares, inclusive nos dados de pagamentos, para superar a diferença de lucro.

A aplicação na UE da Diretiva de Serviços de Pagamento revista (PSD2), em vigor desde janeiro de 2018, mudará consideravelmente a paisagem de pagamentos na Europa. A PSD2 traz uma série de mudanças à diretiva original, aprovada em 2009, com foco em quatro grandes temas: eficiência do mercado, proteção ao consumidor, concorrência e segurança.

Assim, à medida que os pagamentos passam de ser uma «cash-cow» para um sistema de perdas, os líderes do mercado procuram novas estratégias no mundo digital e estabelecem parcerias com as fintechs.

6
Financiamento e «fund raising» digital

A propósito dos meios de pagamento, evidenciou-se atrás a importância da blockchain. Mas o seu impacto não se restringe àquela dimensão: a blockchain vai ter um impacto em todo o mundo financeiro. No futuro próximo da Web 3.0, em que o fator «confiança» não precisa de estar alocado em instituições centralizadas, o mundo das finanças e da banca será alterado para sempre.

Esse futuro será sustentado pela blockchain e por criptoativos. Uma realidade que já está presente no desenvolvimento de grande parte dos novos negócios apresentados por «start-ups» — nomeadamente as fintechs — e que ainda é pouco atendida pelos operadores convencionais. Com o impulso exponencial dado pela Bitcoin, este parece ser o «timing» certo para os diferentes «players» da indústria se porem a caminho.

No centro desta revolução está um elemento disruptor: a «blockchain» já abordada, removendo os intermediários e oferecendo o controlo total e direto aos detentores dos ativos. Em suma, os pilares da diferença e do benefício da «cadeia de blocos» incluem transparência, risco contraparte zero, menores custos de transação e liquidação e tudo em tempo quase real.

Captar financiamento através do «venture capital» é um processo árduo, alongando-se o processo de «due-diligence» sob a forma de inúmeras reuniões e longas negociações sobre a avaliação da empresa/projeto, com o

FIGURA 34: Os intermediários financeiros sob ameaça

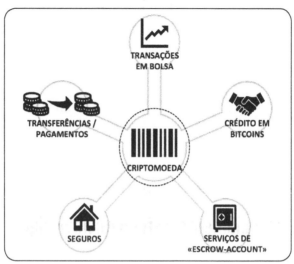

objetivo último de vender uma parte do capital social por um financiamento. Na blockchain não é necessária nenhuma plataforma para captar o financiamento, não há «due-diligence», estando tudo exposto publicamente e de forma transparente para todos os interessados financiadores, ficando ao critério dos investidores escolher os projetos que acham interessantes.

Na prática, com a blockchain, a captação de recursos assume a forma de uma oferta inicial de moedas (ICO): os projetos vendem «tokens», ou moedas, em troca de uma criptografia como a Bitcoin, ficando o valor do «token» vinculado ao sucesso da sua implementação no futuro.

O financiamento P2P está a crescer muito rapidamente e a atrair a atenção do setor financeiro, mas também dos consumidores e de investidores privados. No entanto, o seu peso é ainda muito pequeno em comparação com os financiamentos tradicionais, mesmo nos Estados Unidos e Reino Unido, onde estes instrumentos já estão mais implementados.

A partir do gráfico da Figura 35 pode-se constatar que o financiamento P2P representa menos de 2% do crédito tradicional em todas as categorias, mas com uma maior penetração no «equity crowdfunding» e nos empréstimos ao consumidor individual *versus* empresas.

Em conclusão, nos principais mercados o financiamento P2P continua com quotas muito reduzidas, contudo, com taxas de crescimento anuais superiores a 100%, a disrupção é inevitável a curto/médio prazo.

FIGURA 35: Rácio financiamento P2P/tradicional

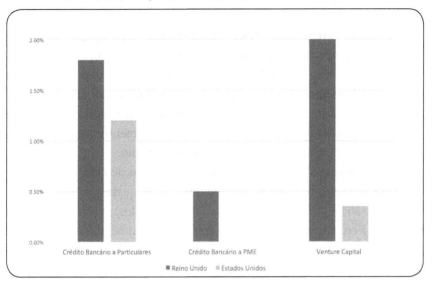

O maior/menor ritmo de crescimento está muito dependente da regulação deste mercado alternativo, como atesta o desenvolvimento mais lento do «equity crowdfunding» nos Estados Unidos, decorrente dos requisitos exigidos aos investidores e aos promotores para se credenciarem (idêntico ao que acontece com os «hedge funds»).

O mesmo efeito disruptor pode ser observado na concessão de crédito, permitindo a blockchain criar uma espécie de «global credit score». Mas se este cenário ainda é algo distópico, já a interferência da economia colaborativa no crédito é bem real e presente, nomeadamente através do crescendo do «crowdfunding».

Este já é o presente, mas está ainda longe de se transformar no modelo comum de «fund rising» na economia digital. Todavia, outros modelos nasceram e floresceram, como se vai ver a seguir.

6.1. CRÉDITO ALTERNATIVO: P2P

Após a crise financeira de 2007/08 os bancos reduziram ainda mais o seu apetite para tomarem risco nos seus balanços, pelo que, de uma forma geral, o financiamento bancário ficou mais difícil de alcançar, sobretudo para «start-ups» (empresas sem «track-record») e para empresas com um *rating* deteriorado.

O aumento da regulação no pós-crise, nomeadamente a exigência de mais capitais próprios, condiciona também os bancos a tomarem essas medidas. Nesta medida, os «retail banks» tendencialmente ficarão com um espectro de clientes de melhor risco de crédito, o que conduzirá também a captarem poupanças/investimentos de clientes com um perfil de risco menor. Ou seja, fica uma larga fatia do mercado de crédito e investimentos sem uma oferta direcionada por parte dos bancos universais de retalho.

Como resposta a este estreitamento do mercado de crédito, desenvolveram-se as plataformas de financiamento P2P, as quais utilizam métodos de concessão de crédito alternativos (automatizados), permitindo assim aumentar a base de clientes. E com o crédito vêm também as disponibilidades, canalizadas para produtos de poupança também alternativos.

O problema não se circunscreve ao acesso limitado ao crédito bancário. O financiamento bancário é também muito lento na sua concessão; desde o processo de negociação até à contratação e desembolso podem-se passar várias semanas ou meses; o facto de existirem vários decisores a intervir no processo de aprovação faz com que a concessão de crédito não se coadune com as efetivas necessidades dos clientes.

As plataformas de crédito P2P, porque eliminam os intermediários, são mais «low-cost», rápidas, flexíveis e, por isso, mais orientadas para o cliente do que as plataformas tradicionais interpretadas pelas instituições financeiras tradicionais.

O facto de estas empresas financeiras alternativas estarem dispostas a tomar mais risco não significa que seja um negócio de risco, pois a sua

FIGURA 36: Segmentação por risco

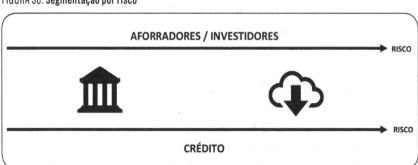

função é apenas desintermediar; deste modo, o que fazem é estabelecer a ligação entre os aforradores e os tomadores de crédito, pelo que tomarão tanto mais risco quanto, e apenas nessa proporção, existam aforradores que estejam interessados a tomar esse risco.

Os bancos alternativos garantem o seu proveito através de comissões que cobram e/ou a apropriação de uma percentagem dos juros cobrados.

A questão que se coloca é se o crédito alternativo ficará apenas com o segmento de maior risco, deixando os «prime rate» para os bancos tradicionais, ou se também ele vai partilhar aquele segmento, aumentando a pressão sobre a rentabilidade dos incumbentes.

A total desintermediação dos canais tradicionais implicaria o fim dos bancos tal como os conhecemos desde há séculos: as novas plataformas passavam a fazer o «matching» entre investidores/aforradores com um perfil de risco idêntico ao tomador de crédito, quer nos altos/médios riscos quer nos baixos riscos. Entrincheirados em crescentes requisitos de capital, processos regulatórios e investimentos tecnológicos, os bancos tradicionais tendem a soçobrar perante a política mais «user/consumer friendly» das plataformas alternativas.

O Zopa e o CreditEase já são entidades financiadoras alternativas instaladas no mercado. A primeira, criada em 2005, foi a primeira instituição creditícia integralmente online; ancorada no segmento «prime rating», compete diretamente com os bancos em taxa e rentabilidade, alcançando uma taxa de incumprimento muito reduzida e abaixo dos bancos clássicos (0,38%); o CreditEase, criada na China em 2006, começou por intermediar os aforradores urbanos e os tomadores de crédito rurais, para estar hoje no mercado a cobrir todo o espectro de clientes. Mas caso os novos «players» sejam incapazes de conquistar a confiança dos clientes de baixo risco, então o mercado tenderá a dividir-se entre o segmento de mais risco (mercado alternativo) e de menor risco (mercado clássico). A divisão do mercado não implica necessariamente conflito, mas poderá ser antes de complementaridade e parceria. Exemplo disso mesmo foi o que aconteceu em 2014, com a aliança estratégica estabelecida entre o Lending Club (plataforma alternativa de crédito) e o Union Bank (banco regional norte-americano); nesse acordo o Union Bank dispõe-se a comprar créditos pessoais concedidos através do Lending Club, o que lhe permite ter acesso a um segmento de maior risco já triado, beneficiando da maior rentabilidade que esses clientes aportam.

FIGURA 37: Ameaça da banca digital sobre a rentabilidade dos bancos

O crescimento do protagonismo do crédito alternativo implicará inevitavelmente a redução da capacidade de captação de recursos (depósitos e investimentos financeiros) por parte dos bancos tradicionais. Ou seja, «ceteris paribus», os balanços das instituições financeiras incumbentes tenderão a diminuir; situação agravada mais ainda por uma maior distribuição dos concedentes de crédito, reduzindo a carteira de crédito dos bancos tradicionais.

Um efeito colateral da maior dispersão das entidades concedentes de financiamento passa por uma importante perda de informação sobre os mutuários, o que cerceia os bancos de dados cruciais para uma efetiva análise de risco de crédito.

Implicação direta e custosa é aquela que se abate sobre a rentabilidade, uma vez que o crédito alternativo introduz uma imediata pressão sobre a margem financeira (diferença entre a taxa de juro das operações de crédito e a taxa de juro que remunera os depósitos). Este é um grande problema para os bancos, na medida em que a reduzida rentabilidade tem sido uma constante desde o fim da crise financeira[20] e que está ligada a um conjunto de variáveis, endógenas e exógenas, a que se junta agora o crédito P2P e, de uma forma geral, o desafio da banca virtual. Já não bastava a redução da margem financeira com as taxas de juro ao nível historicamente baixo, o elevado volume de créditos em risco e/ou em incumprimento, o custo do reforço de capitais próprios e o impacto da reforma regulatória, junta-se agora este desafio disruptivo dos bancos de baixo custo.

Como resposta à ameaça de plataformas alternativas de crédito, as instituições tradicionais têm duas soluções: ou transformam suas tecnologias e processos e/ou adquirem as plataformas alternativas. As duas soluções são complementares e não excluíveis. A última opção permite eventualmente uma mais rápida adesão das instituições tradicionais aos métodos de adjudicação de crédito alterativa, impedindo a perda de clientes cujo perfil deixará de se ajustar à concessão de crédito mais tradicional (menos risco e menor rentabilidade).

Em resumo, com as novas plataformas de crédito P2P, o acesso ao sistema financeiro pode ser estendido a mais clientes, sem alterar necessariamente todo o ecossistema geral; o sistema financeiro tenderá a reforçar a capacidade de compreender mais precisamente os riscos associados aos mutuários e a segmentá-los pelas plataformas mais adequadas.

6.2. ECONOMIA COLABORATIVA

Colocando-se nos ombros da tecnologia, os indivíduos em rede podem-se organizar em torno de possibilidades infindáveis de novos serviços financeiros e de produtos substitutos para os produtos bancários convencionais. Essas redes podem parecer enxames caóticos, mas são intrinsecamente interdependentes e infinitamente mais sofisticadas do que qualquer diagrama de sistemas que as instituições convencionais têm ao seu dispor.

Esta transformação passa em muito por uma profunda mudança de mentalidade social. O espaço em que se move a economia P2P é de uma economia de consumo colaborativa. Ou seja, alimentada por tecnologias de rede

---

[20] A rentabilidade dos capitais próprios dos bancos europeus anda na casa dos 3% e dos 5% no caso dos bancos de maior dimensão, bem abaixo do custo de capital que, nesta região, anda numa margem entre os 10% e os 12%.

e comunidades P2P, o consumo colaborativo é um novo modelo económico voltado para o desenvolvimento de acessos e não de propriedade. Através de plataformas online, os consumidores são capazes de emprestar, trocar, compartilhar e oferecer produtos numa escala sem precedentes. Redes maciças para empréstimos sociais, como partilha de carro, apartamento e viagens P2P já se estabeleceram como grandes forças económicas à escala mundial.

A AirBnB e a Zipcar são dois exemplos da economia colaborativa. A primeira trata-se de uma plataforma online para aluguer de alojamentos de curta duração, desde apartamentos inteiros a castelos, barcos, ilhas privadas e outras propriedades; a Zipcar, por sua vez, é uma empresa de partilha de automóveis por hora ou dias, sendo o acesso efetuado utilizando um cartão que funciona para desbloquear a porta do carro.

É nesta nova filosofia que se enquadram as novas plataformas de financiamento. Tradicionalmente, as atividades de captação de capital estão nas mãos das instituições financeiras especializadas, que se fundamentam no seu profundo «know-how» para identificar e apoiar essas oportunidades de investimento. Mas em face do crescente interesse em «start-ups» e da democratização digital, surgiram uma série de plataformas de financiamento alternativas, aumentando o acesso à captação de capital a um maior número de empresas e projetos.

6.2.1. FINANCIAMENTO NÃO BANCÁRIO CLÁSSICO

Independentemente da dimensão da empresa, todas elas são confrontadas com o mesmo tipo de decisões que tentem responder à sua visão financeira de continuidade de negócio e criação de valor. A decisão de financiamento é uma das quatro grandes questões que confrontam as empresas nessa permanente procura de aumentar o seu valor.

Ou seja, a decisão de financiamento coloca-se no mesmo plano de importância da gestão de tesouraria, da decisão de distribuição de riqueza pelos proprietários e da decisão de investimento. Aliás, entre o financiamento e esta última decisão existe uma ligação intersticial, na medida em que são as duas caras da mesma moeda, pois é depois de decidida a realização do investimento que a empresa tem de se preocupar em encontrar a forma mais económica de obter os recursos financeiros de que necessita durante a vida útil do projeto. E tudo isto em prol da maximização do valor da empresa.

Suprir as necessidades de financiamento recorrendo a financiamento interno passa por reter os resultados libertados pela atividade, enquanto o financiamento externo coloca o empresário a optar entre aumento do capital próprio, endividamento e híbridos.

O sistema bancário não está vocacionado para financiar certos tipos de atividades e investimentos, sendo por isso imperativo desenvolver instrumentos financeiros alternativos e novas formas de financiamento. Contudo, será sempre desejável que o desenvolvimento de formas de financiamento alternativas, mais do que substituir, venha a complementar o crédito bancário, potenciando um financiamento mais favorável das empresas. Este desígnio encontra-se plenamente inscrito no ambicioso projeto em curso de criação de uma União de Mercado de Capitais. Os objetivos de curto prazo visam fomentar o financiamento da economia, com os mercados de capitais a constituírem uma espécie de «pneu suplente» do crédito bancário, para no longo prazo ser possível criar um sistema financeiro mais eficiente e mais competitivo, bem como mais resiliente (devido a uma maior diversificação de fontes de financiamento).

O crédito bancário será sempre o principal eixo da estrutura de financiamento das empresas, mas tal não deve ser impeditivo de se criarem e estimularem instrumentos complementares. A criação de alternativas ao crédito bancário passa por um conjunto vasto de instrumentos, sendo que alguns foram desde já apropriados pelos bancos, como é o caso do Invoice e Asset Finance, que inclui as modalidades de factoring e de serviço de pagamento a fornecedores (vulgo confirming), e a emissão de programas de papel comercial.

O mercado de capitais continua a ser apontado como a principal alternativa ao crédito bancário, quer na sua vertente de dispersão do capital social em Bolsa quer através de emissão de dívida. Além de ser uma fonte alternativa de financiamento para empresas mais pequenas, a Bolsa permite atrair mais investidores, clientes e fornecedores, na medida em que, após a entrada, as empresas ficam obrigadas a uma maior disciplina interna e à necessidade de transparência, o que implica maior (e melhor) exposição; em troca, as empresas podem obter um reforço de capital através da emissão de ações (capital) e obrigações (dívida). Mas esta forma de financiamento está longe de ser barata. Os custos de colocar uma empresa na EURONEXT oscilam entre 3% e 7,5% do capital disperso, fixando-se numa média de 5,7%, segundo números da Dealogic.

FIGURA 38: Fontes de financiamento tradicionais

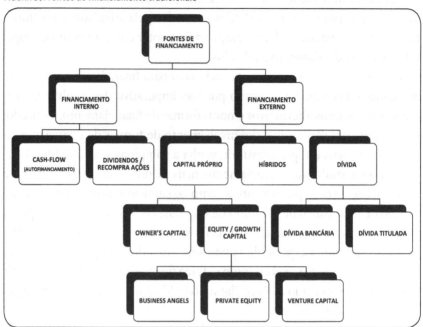

O mercado da dívida é outra das opções para as empresas em busca de alternativas de financiamento. Contudo, apesar de se tratar de uma forma de diversificação de investimento, o mercado da dívida está normalmente reservado para as empresas com maior credibilidade no mercado, que sejam reconhecidas pelos investidores. A operação é montada e colocada junto dos investidores por um ou mais bancos, que recebem uma percentagem sobre o valor vendido. Nos últimos anos, fruto da crise, a colocação de obrigações junto de investidores internacionais esteve vedada, dada a perceção de risco das empresas portuguesas, sobretudo, nos mercados internacionais. A opção recaiu na emissão de títulos de dívida para investidores de retalho, oferecendo-lhes juros elevados. Assim, a expectativa é que a estabilização da situação financeira do país e a maior robustez económica permitam que as empresas voltem a contar com os institucionais para obterem liquidez, conseguindo taxas mais atrativas.

Relacionado com o estádio de evolução da empresa e o estado de subcapitalização, podemos ter alternativas ao financiamento bancário muito específicas. Os fundos de capital de risco são uma forma de financiamento alternativa que não se traduz em endividamento para as empresas. Sobretudo as empresas em início de vida — start-ups e projetos de risco, mas com elevado potencial de rentabilização — recorrem aos fundos de capital de risco em busca de um reforço dos capitais próprios, oferecendo em troca uma percentagem do negócio, que pode variar consoante os objetivos de crescimento.

As sociedades ou fundos de capital de risco assumem uma participação quase sempre minoritária e temporária (entre três e sete anos) no capital da empresa, participando no processo de gestão e partilhando o risco com o empresário. O fundo de capital de risco recebe o retorno do seu investimento no momento de saída do negócio. Em Portugal existem vários operadores a atuar no mercado de capital de risco; contudo, o seu grau de influência no financiamento das empresas nacionais tem de ser visto à luz da comparação relativa com os restantes mercados onde estes veículos atuam. Em paralelo com os fundos de capital de risco atuam os Business Angels, que se constituem como investidores privados que realizam investimentos em oportunidades nascentes — «start-up» ou «early stage» — e participam nos projetos com «smart money», ou seja, além da capacidade financeira também contribuem com a sua experiência e «network» de negócios. Para os empresários em início de atividade, os Business Angels podem ser considerados como uma espécie de «padrinhos», que contribuem com capital em troca de uma participação no negócio, tal como no capital de risco.

FIGURA 39: **O ciclo de vida da empresa e as fontes de financiamento**

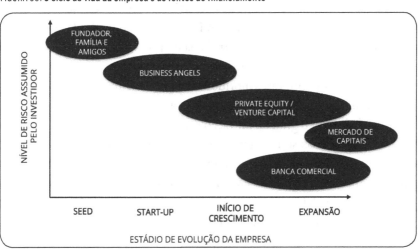

Finalmente, nota para os produtos financeiros híbridos, assim denominados porque simultaneamente representam dívida para a empresa, por serem uma obrigação da empresa, mas também têm características de capital próprio dada a sua convertibilidade, em certas circunstâncias, em «Equity».

Os produtos híbridos mais conhecidos são, eventualmente, as ações preferenciais e a dívida convertível. Esta última dá a possibilidade de se converter num determinado número de ações (capital próprio) as obrigações (dívida) detidas pelo investidor, como forma de reduzir a taxa de cupão, pois a convertibilidade tem um valor intrínseco. Por sua vez, o investidor beneficia de um cenário em que tem capital garantido (exceto em caso de incumprimento) e uma rentabilidade mínima assegurada, com um direito de tomar propriedade com valor, pois se a ação da empresa subir muito, a conversão dá um valor muito maior à obrigação do que a mera devolução do capital.

As ações preferenciais estabelecem um pagamento fixo, acima do dividendo atribuído às ações ordinárias, e com preferência sobre estas relativamente ao pagamento de dividendos e à liquidação de ativos; caso a empresa não gere cash-flow suficiente para pagá-lo vai acumulando e só paga a totalidade quando gerar cash-flows suficientes. O não pagamento de dividendos durante um número de exercícios pré-estabelecido pode levar ao acionar de cláusulas que convertem as ações preferenciais em ações ordinárias.

Estas ações preferenciais conferem, assim, direitos especiais ao seu titular, normalmente de carácter patrimonial, tais como o direito de satisfação prioritária a quinhoar nos lucros de exercício da empresa e o direito à quota de liquidação, em detrimento do direito de voto (controlo da sociedade). Não apresentando direitos de controlo na empresa equipara-se a dívida, de onde resulta a sua natureza híbrida.

Para além destes produtos híbridos as empresas também têm à sua disposição de um conjunto de produtos «estruturados», os quais são múltiplos em conformidade com o grau de inovação e sofisticação do mercado financeiro em que as empresas se inserem. Dada a formatação destes produtos, que exigem normalmente montantes iniciais muito elevados e têm uma estrutura de comissões pesada, as PME não são o seu foco (pelo que não serão objeto de desenvolvimento).

Trata-se de transações financeiras complexas, que podem envolver a transferência efetiva ou sintética de ativos ou de exposição a riscos, com o propósito de alcançar determinados objetivos contabilísticos, regulatórios ou fiscais, e que normalmente são baseadas numa empresa veículo (SPV). Nesta modalidade de produtos encontram-se, por exemplo, as operações de titularização de ativos, «covered bonds», «project finance», «leveraged acquisitions», entre outras.

6.2.2. CROWDFUNDING

As plataformas de financiamento alternativas permitem que os investidores não institucionais («crowd») desempenhem um maior papel na oferta de capital para financiamento de novas oportunidades de investimento. Nesta solução existe uma interação direta mais orgânica com os investidores, não imperando apenas a lógica da avaliação económico-financeira; ou seja, não desaparece o princípio orientador de aplicar-se apenas em investimentos com um valor atual líquido (por desconto dos cash-flows futuros com uma taxa de retorno superior à taxa do custo do capital) superior a zero, mas a análise das oportunidades de investimento também é conduzida pela experiência empírica de quem está individualmente a investir.

A plataforma de «funding» alternativa mais conhecida é a de «crowdfunding», onde um elevado número de investidores, com pequenas quantidades de capital, se junta para financiar um novo projeto. O seu canal de funcionamento privilegiado são as redes sociais e os sites de crowdfunding (por exemplo, Kickstarter e Indiegogo). Em 2015 cerca de 80 mil pessoas alocaram 20 milhões de dólares, através da plataforma Kickstarter, para financiar o desenvolvimento de uma aplicação alternativa ao Apple Watch.

A Lei n.º 102/2015, de 24 de agosto, que dispõe o regime jurídico do financiamento colaborativo em Portugal[21], define «crowdfunding» como «o tipo de financiamento de entidades, ou das suas atividades e projetos, através do seu registo em plataformas eletrónicas acessíveis através da Internet, a partir das quais procedem à angariação de parcelas de investimento provenientes de um ou vários investidores individuais».

---

[21] A 9 de fevereiro foi aprovado, através da Lei n.º 3/2018, o regime sancionatório aplicável ao desenvolvimento da atividade de financiamento colaborativo.

FIGURA 40: Tipos de crowdfunding

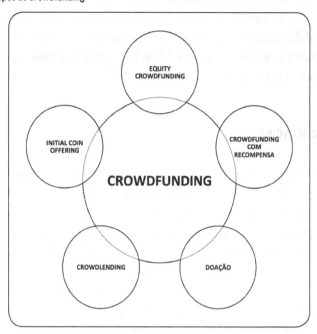

As modalidades de «crowdfunding» mais comuns no mundo empresarial são as de «equity crowdfunding» e de «crowdlending». No primeiro caso trata-se de um processo de «fund rising» tradicional, onde o investidor procura um retorno financeiro do valor que colocou na empresa em que investiu (distribuição de dividendos ou partilha de lucros). O acesso a esta atividade de intermediação de financiamento é realizado mediante registo prévio das entidades gestoras das plataformas eletrónicas junto da Comissão do Mercado de Valores Mobiliários (CMVM), sendo esta entidade responsável pela regulação e supervisão da sua atividade[22].

Por sua vez, no «crowdlending» (ou «debt crowdfunding») estamos na presença de um financiamento com um plano de reembolso (na maior parte das vezes «bullet», ou seja, no final da maturidade) e com juros periódicos. Também esta modalidade é regulada pela CMVM.

O «crowdfunding» doação tem vindo a ser utilizado por instituições sociais, funcionando como uma plataforma de angariação de fundos sem que haja uma obrigatoriedade de recompensa em troca da contribuição.

---

[22] Regulamento da CMVM n.º 1/2016.

As pessoas contribuem por acreditar na causa e não na expectativa de receber algo em troca, sendo necessário para funcionar apenas a prévia comunicação de início de atividade à Direção-Geral do Consumidor. Dispõe a lei que cada oferta disponibilizada está sujeita a um limite máximo de angariação que não pode exceder 10 vezes o valor global da atividade a financiar.

Finalmente, no «crowdfunding com recompensa» a remuneração do investidor passa normalmente um produto ou serviço relacionado com o projeto financiado; neste tipo de «crowdfunding» baseado em recompensas, o promotor não está a vender parte do seu negócio, mas sim a financiar a sua ideia junto dos seus apoiantes adiantadamente.

No exercício do papel de regulador do «equity crowdfunding» e de «crowdlending», a CMVM determinou limites de investimento nesta plataforma por parte de particulares que tenham um rendimento anual inferior a 70 mil euros, não podendo ultrapassar três mil euros por oferta e 10 mil euros no total dos seus investimentos através do financiamento colaborativo no período de 12 meses.

O «crowdfunding», tal como outras plataformas de financiamento alternativas (dir-se-ia que os clubes de «business angels» são mais um exemplo), atuam como facilitadores de financiamento através de um mercado online onde qualquer investidor pode fazê-lo. Algo que é bem mais difícil no ecossistema atual, onde os investidores individuais apenas intervêm de forma indireta, através do mercado de capitais (ações ou obrigações) ou com a intermediação de investidores institucionais.

Se é verdade que estas plataformas de financiamento alternativas não vão substituir o ecossistema tradicional de «fund rising» a curto ou a médio prazo, o seu crescimento já está a mudar as instituições estabelecidas. No imediato estas novas plataformas de financiamento alternativas estão a consolidar-se como financiadoras privilegiadas de empresas de maior risco, como são o caso das que se encontram em «seed-stage».

Complementarmente, as plataformas alternativas também começam a atrair a atenção dos investidores que procuram projetos com uma maior rentabilidade.

As oportunidades criadas pela proliferação de plataformas alternativas de captação de capitais provavelmente superam os riscos que representam para as instituições estabelecidas, pois permitem uma oferta mais diversificada de oportunidades de investimento para apoiar um ecossistema de inovação mais rico.

Sinteticamente pode-se resumir da seguinte forma as principais características do «crowdfunding»:

- «Accountability»: à medida que mais investidores individuais se envolvem em decisões de financiamento, as empresas serão analisadas a partir de múltiplas perspetivas, o que pode contribuir para uma maior precisão das decisões gerais de investimento.
- Acessibilidade: qualquer investidor individual, sem intermediação, pode aceder a esta plataforma.
- Controlo: os investidores individuais ganham um maior controlo sobre o fluxo de investimentos e são eles a determinar se querem um controlo direto sobre as decisões de investimento (em contraposição com o que acontece com o «venture capital»).
- Redução de custos: a desintermediação reduz automaticamente os custos de financiamento.

Mas como em tudo na vida, as vantagens têm sempre a contraposição de risco que subsistem, que importa também enunciar:

- Maior risco de incumprimento: uma empresa que tenha sido capitalizada através do «crowdfunding» terá à partida um risco de «default» superior, na medida em que os critérios de análise de risco de crédito são inferiores (até porque a maior parte das empresas são «start-up») e no caso do «venture capital» este incorpora a introdução de experiência de gestão.
- Segurança da plataforma de «crowdfunding»: aqui colocam-se as questões de cibersegurança.

6.3. INITIAL COIN OFFERING (ICO) E CRÉDITO BLOCKCHAIN

Se perguntarmos a um qualquer investidor do mercado acionista sobre ofertas públicas iniciais (IPO) a resposta será imediata: trata-se da entrada em bolsa de uma empresa, que dispersa parte do seu capital social no mercado. Mas nos últimos tempos uma sigla muito semelhante tem andado nas bocas de meio mundo, a ICO (Initial Coin Offering) ou oferta inicial de moedas (ICO), e aqui a resposta não é tão imediata.

De uma forma muito simples, uma ICO é uma forma de «fund rising», tal como um IPO e o «crowdfunding», através da emissão de uma nova criptomoeda, utilizando para o efeito a tecnologia blockchain. Ou seja, os investidores recebem moedas digitais que podem ser transacionadas em mercado (vendendo ou trocando por outras criptomoedas) e cujo valor depende da performance da empresa/projeto que foi objeto do financiamento.

ICO
- FILECOIN (EUA): $250Mio [2017]
- TEZOS (Europa): $236Mio [2017]
- EOS (EUA): $200Mio [2017]
- PARAGON (EUA): $183Mio [2017]
- THE DAO (EUA): $168Mio [2016]
- BANCOR (Médio Oriente): $153Mio [2017]
- POLKADOT (Europa): $121Mio [2017]
- QASH (Ásia): $112Mio [2017]
- STATUS (Europa): $109Mio [2017]

A primeira ICO foi feita em 2014 e desde então — sobretudo desde maio de 2017 — as emissões têm-se sucedido a um ritmo alucinante, ao ponto de em 2017 o volume de capital captado por empreendedores através de ICO ter superado em três vezes o volume de capital aportado pelas «venture capital».[23] Curiosamente o setor de atividade que tem recorrido mais às ICO não é o de TI, mas sim o de infraestruturas («project finances»), com uma quota de 37% do total de fundos captados por ICO, seguindo depois o setor financeiro (22%) e TI (16%).

Apesar desta performance, as ICO estão envoltas em grande controvérsia, decorrente, essencialmente, do inexistente ou insípido quadro regulatório, ao ponto de a SEC ainda estar a averiguar se as ICO são ativos mobiliários e objeto da sua supervisão. No meio desta indefinição, a Coreia do Sul e a China (setembro de 2017) proibiram as OIC, pelo menos para já, alegando que são «uma fonte de desestabilização do sistema financeiro e económico».[24]

Todavia, em 2014, a ICO da Etherium levantou 18,4 milhões de dólares de capital e, até à decisão da China e da Coreia do Sul, as 76 ICO realizadas captaram cerca de 6,5 mil milhões de dólares no total.

No que ao financiamento de particulares e empresas diz respeito, a tecnologia DLT também começa a interferir posicionando-se como uma concorrente de futuro dos bancos.

O atual sistema de concessão de crédito é muitas vezes hostil aos consumidores, pois estima-se que um em cada cinco clientes (ou potenciais

---

[23] Fonte: Coindesk Report 2017.
[24] Declarações oficiais do Peoples's Bank of China.

clientes) tem um «problema potencialmente material» que afeta o seu «score» na pontuação de que determina o «rating» e que afeta negativamente a sua capacidade creditícia. Por sua vez, um empréstimo alternativo através de blockchain oferece uma forma mais barata, mais eficiente e mais segura de se conceder empréstimos pessoais para um grupo mais amplo de consumidores; com um registo criptográfico seguro e descentralizado dos pagamentos históricos, os consumidores podem solicitar empréstimos com base numa pontuação de «rating» global.

A criação de uma indústria de financiamento via blockchain ainda se encontra numa fase muito embrionária, até porque é um negócio que requer mais do que apenas plataformas, sendo necessário o desenvolvimento de padrões de aferição de risco e de uma infraestrutura de venda. Hoje em dia a maior parte dos projetos funciona da seguinte forma: o crédito é concedido tendo por base a colateralização, superior a 100%, através de criptomoedas.

6.4. PLATAFORMAS INTEGRADAS DE CRÉDITO

As plataformas de financiamento P2P têm tido sucesso, sobretudo entre as empresas numa fase muito embrionária, maioritariamente «seed-stage», mantendo-se as empresas mais maduras a recorrer às plataformas tradicionais, ou seja, aos bancos e aos «venture capitalists» à procura de financiamento, mas também do acesso à rede de contactos («networks») que aquelas instituições possuem.

Se o mercado do «funding» se cimentasse assim, o crédito alternativo ficava exclusivamente direcionado para as empresas em fase de projeto e teste de produto, enquanto os «players» clássicos dirigir-se-iam para as empresas com cash-flows mais estimáveis e, por isso, de menor risco. Deste modo, as plataformas de crédito alternativo ficavam circunscritas a um «crowdfunding» de menor dimensão e a empresas como a Seedrs, que seleciona os projetos financiáveis e depois coloca-os à consideração dos investidores individuais para a compra de participações.

Contudo, entendo que este cenário é redutor da dinâmica e flexibilidade do crédito P2P. As empresas mais maduras seguramente que vão querer aproveitar a capacidade das plataformas P2P para simultaneamente captarem capital e captarem novos clientes. Nesta medida, também as demais empresas, para além das que se encontram na fase «semente», vão ter a

FIGURA 41: O agora e o depois do «fund raising»

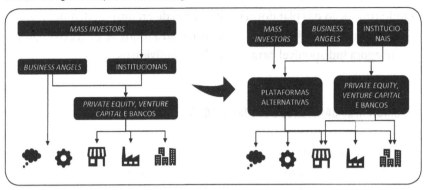

capacidade de criar plataformas para financiarem o seu crescimento e, ao envolverem-se diretamente com os clientes, as empresas de maior dimensão podem construir parcerias mais profundas com os seus clientes/«fund raisers»; os clientes, por sua vez, sentem que estão a participar no crescimento dos negócios que desenvolvem os seus produtos/serviços favoritos.

Nesta interligação, a própria remuneração pode passar para lá dos juros ou dividendos, mas construir-se também de descontos futuros e acesso privilegiado a novos e séries reduzidas de produtos.

O custo total do financiamento através de plataformas P2P deverá ser menor do que os custos incorridos no sistema financeiro tradicional, num contexto em que as plataformas de financiamento alternativas devem ser capazes de fornecer níveis equivalentes de informações a todos os investidores («mass investors»), conforme os investidores institucionais recebem atualmente dos intermediários financeiros.

A concorrência chega também ao mercado dos investimentos. Embora as plataformas alternativas e os intermediários tradicionais possam estar em sobreposição em algumas oportunidades de investimento, na maior parte dos casos estarão em concorrência aberta com pressão sobre os preços do dinheiro e da prestação do serviço (comissões). Esta competitividade tenderá também a reduzir os ciclos de captação de capital, contribuindo as novas opções de financiamento para promover o crescimento das novas empresas a um ritmo mais rápido e com o tempo médio entre os estádios de financiamento mais encurtados.

Por outro lado, com estas soluções os investidores estarão muito mais envolvidos em todo o processo de financiamento, atuando como verdadeiros parceiros nas decisões estratégicas dos seus investimentos alvo. Mas a grande revolução das plataformas integradas de crédito é a democratização dos mercados financeiros, permitindo o acesso a todos de uma classe de ativos até agora indisponível para investidores individuais.

6.5. SINDICATOS BANCÁRIOS E SECURITIZAÇÃO

Os empréstimos sindicados, isto é, com vários bancos a financiarem mesmo que em diferentes proporções, são fundamentais para os financiamentos de maior escala. Nestes contratos interagem o beneficiário, o sindicato e o «lead arranger» — lidera o sindicato bancário e executa todas as tarefas administrativas ao longo do ciclo de vida do empréstimo, cobrando uma taxa com base na complexidade e fatores de risco associados ao empréstimo.

Nestes financiamentos a utilização da tecnologia DLT para automatizar a formação dos sindicatos, a subscrição e o desembolso de fundos pode reduzir substancialmente o tempo de emissão de empréstimos e o risco operacional. De facto, no estado da arte atual esta tipologia de financiamentos são muito consumidores de tempo, o que se traduz num elevado custo de montagem e gestão para os beneficiários.

A «blockchain» permite a formação automática de sindicatos, ao mesmo tempo que, ao longo do ciclo de vida do empréstimo sindicado, os reguladores e os membros do sindicato têm uma visão em tempo real dos detalhes financeiros do contrato, o que torna dispensável a figura do «lead arranger».

A «due-diligence» e a subscrição tão passam a ser automáticas, reduzindo o tempo de execução e a quantidade de recursos necessários para realizar essas atividades, uma vez que os sistemas de «due-diligence» dos bancos comunicam entre si informações financeiras pertinentes aos sistemas de subscrição, simplificando a execução do processo e reduzindo o tempo.

O desembolso do empréstimo é efetuado em tempo real, eliminando as operações tradicionais de compensação em t + 3 (três dias úteis após o pedido de desembolso), num quadro de total desintermediação de serviços que reduz os riscos operacionais, uma vez que os pagamentos ao longo do ciclo de vida do empréstimo são automatizados.

No contexto da captação de capitais, também os bancos são clientes, pelo que neste ponto será tratado o tema do «fund rising» na ótica dos bancos e não das empresas, com especial enfoque na conversão de ativos em títulos

FIGURA 42: O efeito da «blockchain» nos sindicatos bancários

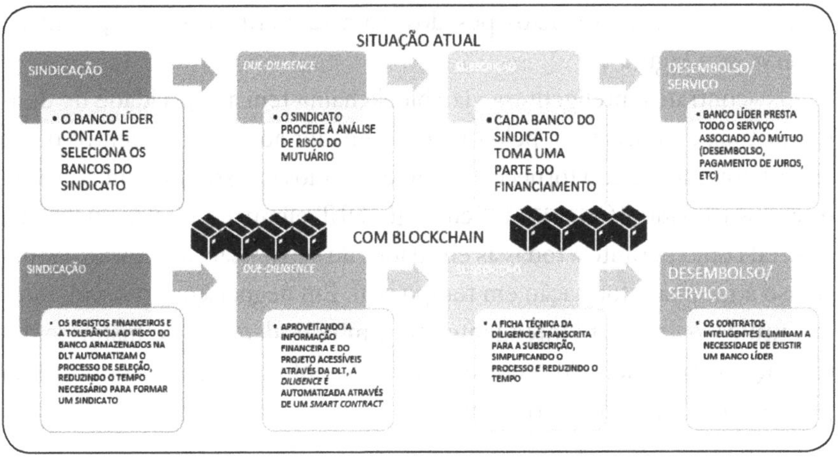

SITUAÇÃO ATUAL

SINDICAÇÃO →
- O BANCO LÍDER CONTATA E SELECIONA OS BANCOS DO SINDICATO

DUE-DILIGENCE →
- O SINDICATO PROCEDE À ANÁLISE DE RISCO DO MUTUÁRIO

SUBSCRIÇÃO →
- CADA BANCO DO SINDICATO TOMA UMA PARTE DO FINANCIAMENTO

DESEMBOLSO/SERVIÇO
- BANCO LÍDER PRESTA TODO O SERVIÇO ASSOCIADO AO MÚTUO (DESEMBOLSO, PAGAMENTO DE JUROS, ETC)

COM BLOCKCHAIN

SINDICAÇÃO →
- OS REGISTOS FINANCEIROS E A TOLERÂNCIA AO RISCO DO BANCO ARMAZENADOS NA DLT AUTOMATIZAM O PROCESSO DE SELEÇÃO, REDUZINDO O TEMPO NECESSÁRIO PARA FORMAR UM SINDICATO

DUE-DILIGENCE →
- APROVEITANDO A INFORMAÇÃO FINANCEIRA E DO PROJETO ACESSÍVEIS ATRAVÉS DA DLT, A DILIGENCE É AUTOMATIZADA ATRAVÉS DE UM *SMART CONTRACT*

SUBSCRIÇÃO →
- A FICHA TÉCNICA DA DILIGENCE É TRANSCRITA PARA A SUBSCRIÇÃO, SIMPLIFICANDO O PROCESSO E REDUZINDO O TEMPO

DESEMBOLSO/SERVIÇO
- OS CONTRATOS INTELIGENTES ELIMINAM A NECESSIDADE DE EXISTIR UM BANCO LÍDER

---

negociáveis nos mercados financeiros, sinteticamente conhecida por securitização. Ou seja, o termo securitização é usado como o processo pelo qual os ativos financeiros são agrupados, com os seus «cash-flows», e convertidos em títulos negociáveis para serem colocados no mercado; isto é, é uma técnica usada para transformar ativos ilíquidos em títulos líquidos. A securitização é, portanto, uma técnica de financiamento estruturada que permite que o crédito seja fornecido diretamente através de processos de mercado e não através de intermediários financeiros — a chamada desintermediação financeira.[25] Esta modalidade de financiamento tem várias virtudes para os bancos, na obtenção de liquidez a mais baixo custo, fomentando o fortalecimento dos rácios de capital, a que acresce uma diversificação das fontes de financiamento e, em simultaneamente, uma transferência do risco de crédito. Contudo,

> **SINDICAÇÃO VIA BLOCKCHAIN**
> - Processo completamente automatizado;
> - Transparência e informação em tempo real;
> - Dispensa do banco líder;
> - Redução de custo global na implementação do processo e nos subprocessos de liquidação e serviços ao longo do empréstimo.

---

[25] Os mercados de valores mobiliários emitidos por meio de securitização são compostos por três classes principais: *i)* Asset-backed securities (ABS), colateralizados por produtos de crédito ao consumo; *ii)* Mortgage-backed securities (MBS), assentes em hipotecas; *iii)* Collateralized debt obligations (CDO), baseados em obrigações.

tem como principal inconveniente a sua complexidade, que encare todo o processo, com custos fixos pesados. Para se aferir dessa complexidade observe-se a Figura 43.

Os «contratos inteligentes» via «blockchain» têm a capacidade de digitalizar toda a informação, pelo que o originador ao colocá-la dentro desse «smart contract» está a fornecê-la de imediato aos investidores que tomarão os ativos titulados. Ou seja, a tecnologia DLT elimina a intermediação da SPV, tal como permite a todas as entidades de supervisão, auditoria e rating acesso à mesma informação em tempo real. Em negociações subsequentes dos títulos, o «contrato inteligente» transmite os detalhes do histórico das transações (por exemplo, valor de garantia e informações de contraparte) para as novas entidades participantes.

FIGURA 43: O processo de securitização

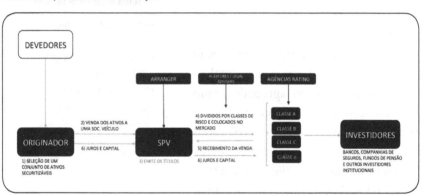

Concluindo, o complexo processo de securitização é claramente aligeirado por via de vários benefícios introduzidos pela «blockchain»: transparência, com a manutenção de um histórico das transações e do acesso à informação «just-in-time», o que ajuda à tomada de decisão de investimento; as contrapartes são avaliadas com base no histórico das transações, permitindo que os investidores protejam o seu risco, selecionando a contraparte que melhor se ajuste ao seu perfil de risco; processamento automático, reduzindo os processos manuais e os custos associados; os reguladores mantêm uma visão clara do histórico de ativos (isto é, valor, propriedade e posição de risco), permitindo a aplicação de restrições regulatórias; desintermediação, na medida em que o «contrato inteligente» facilita o movimento de fundos e ativos, eliminando a necessidade de intermediários.

6.6. RISCO DE CRÉDITO, PRICING E SOLVABILIDADE NA ERA DA IA

Os modelos de rating tenderão a estar integralmente sustentados em tecnologia IA e ML, focados em acelerar as decisões de concessão de crédito e de minimização do risco.

Os financiadores há muito que fundamentam em notações de risco de crédito para tomar as suas decisões de empréstimos a empresas e particulares. No caso destes últimos são utilizados maciçamente os modelos de Credit Scoring[26], como sistemas que atribuem pontuações às variáveis de decisão de crédito de um proponente, mediante a aplicação de técnicas estatísticas.

A partir de uma equação gerada através de variáveis referentes ao proponente de crédito e/ou à operação de crédito, os sistemas de Credit Scoring geram uma pontuação que representa o risco de perda. A ideia essencial destes modelos é identificar certos fatores-chave que influenciam o cumprimento e o incumprimento dos clientes, permitindo a classificação dos mesmos em grupos distintos e, como consequência, a decisão sobre a aceitação ou não do crédito em análise. A classificação obtida através do Credit Scoring também influencia o spread a aplicar ao crédito, bem como o montante de crédito a ser concedido.

No caso das empresas os modelos de rating são mais complexos, mas igualmente imprescindíveis, pois é a partir da grelha de notações de rating

---

[26] Complementados pela análise mais subjetiva dos cinco C do crédito: 1) Carácter: avalia o histórico do cliente relativamente ao cumprimento das suas obrigações financeiras; reúne dados relativos a idoneidade e reputação do cliente. (por exemplo, dados de pagamentos, processos judiciais). 2) Capacidade: avalia o potencial do cliente para pagar o crédito solicitado; analisa a taxa de esforço do cliente, evidenciando se o rácio despesas/receitas permite gerar margem financeira para o pagamento do crédito. 3) Capital: avalia o património do cliente; procura analisar todas as fontes de rendimento do cliente, bem como património que este tenha e possa ser utilizado como eventual garantia. 4) Colateral: avalia os ativos que o cliente coloca à disposição com o objetivo de garantir o crédito; nomeadamente a capacidade para oferecer garantias ao empréstimo. 5) Condições: avalia as condições de adaptabilidade do cliente, do ponto de vista financeiro, a alterações conjunturais na economia e na sociedade (por exemplo, subida das taxas de juro, desemprego, redução salarial), se possui agilidade e flexibilidade para se adaptar e criar mecanismos de defesa.

que são definidos níveis de probabilidade de incumprimento e, concomitantemente, a base para os bancos estabelecerem as suas fronteiras de aceitação/rejeição dos créditos a conceder.

O Acordo de Basileia II, que regula a atividade bancária, prevê o Método Padrão e o Método das Notações Internas (IRB). O primeiro baseia-se nas notações divulgadas por agências de rating externas reconhecidas para o efeito; de um modo geral, este método consiste na ponderação dos riscos em função do tipo de mutuário e do tipo de posição em risco. O segundo método, de que existem duas vertentes, permite a utilização de metodologias internas, com base em estimativas próprias da PD, no caso da vertente IRB Foundation, e ainda de estimativas próprias da LGD e da EAD, no caso da vertente IRB Advanced.

Independentemente do método e da tipologia dos clientes, os ratings/scorings têm sido alimentados por dados históricos, utilizando depois ferramentas como a regressão, as árvores de decisão e análise estatística, para gerar uma notação que acaba por ter quantidades limitadas de dados estruturados. Deste modo, os bancos estão a voltar-se cada vez mais para fontes de dados adicionais, não estruturados e semiestruturados, incluindo atividades nas redes sociais, no smartphone e nas conversações por mensagem, para capturar uma visão mais matizada do risco e melhorar, assim, a precisão na concessão do crédito. A aplicação de algoritmos de ML a esta constelação de novos dados, permite a avaliação de fatores qualitativos, como o comportamento do consumo e a disposição de pagar, nunca antes concebível.

A capacidade de definir o risco com base nestes dados adicionais permite uma segmentação maior, mais rápida e mais barata da qualidade/risco do mutuário e, em última instância, leva a uma decisão de crédito mais rápida — e mais abrangente, pois na ausência de informação histórica não pode ser gerada uma notação de risco e o cliente, potencialmente solvente, é incapaz de obter crédito e criar um histórico de crédito; com o uso de fontes de dados alternativas e a aplicação de algoritmos de aprendizagem para ajudar a desenvolver uma avaliação da capacidade para reembolsar, os credores podem chegar a decisões de crédito que anteriormente seriam impossíveis.

Outra mais-valia da IA no negócio bancário vê-se na otimização de capital, escasso e caro. A IA tende a aumentar a eficiência, precisão e velocidade nessa otimização de capital, seguindo os critérios regulatórios de solvabilidade do banco. De facto, a sustentabilidade da atividade bancária passa pelo desenvolvimento das operações que está legalmente autorizada a praticar, mantendo uma sólida estrutura de capitais, capaz de responder ao crescimento da atividade e que se mostre adequada ao seu perfil de risco. A proteção dos depositantes, acionistas e credores só é garantida caso a solvabilidade do banco nunca esteja em causa. Para a prossecução deste objetivo de gestão os bancos estão hoje, e cada vez mais, obrigados a cumprir com as exigências regulamentares estabelecidas pelas Autoridades de Supervisão, nomeadamente pelo Banco Central Europeu, o Banco de Portugal e pelo Conselho Nacional de Supervisores Financeiros.

Todavia, independentemente da praxis estipulada, é absolutamente indiscutível que a solvabilidade dos bancos está diretamente dependente da afetação de capital (ou fundos próprios) às operações de crédito concedido, para dessa forma fazerem face à necessidade de cobertura do risco não esperado de crédito, isto é, do risco associado à contraparte. Ou seja, os bancos têm a obrigatoriedade de manter determinados valores de capital, requisitos para que a instituição tenha capital suficiente para suster perdas operacionais e ainda honrar os capitais dos depositantes, funcionando como uma margem de segurança para fazer face a prejuízos inesperados. Os requisitos mínimos de solvabilidade tratam-se, portanto, de uma medida para acomodar o risco não esperado, uma vez que quanto aos riscos esperados de crédito a sua cobertura é feita mediante a constituição adequada de provisões de crédito.

No final do dia, os esforços de alcance da solvabilidade implicam também a rentabilidade do negócio, uma vez que esta reflete também o risco presente na concessão de crédito, ou seja, o prejuízo esperado e as provisões associadas a cada classe de risco, e a afetação ótima de fundos próprios decorrentes do cálculo de requisitos de capitais próprios.

Nesta medida, a IA e a ML são contribuintes líquidos para a melhoria da rentabilidade económica do negócio bancário, pois potenciam a rentabilidade financeira — via aumento do produto bancário e diminuição dos custos operacionais — e tendem a melhorar a qualidade da carteira de crédito.

Adicionalmente, os bancos estão a considerar a utilização de IA e ML nos seus «back-tests» e «stress tests», tradicionalmente usados para avaliar o estado da arte dos modelos de risco dos bancos. Nos últimos anos, os reguladores prudenciais norte-americanos e europeus concentraram-se bastante nestes «back-tests», fornecendo orientações sobre a gestão de risco a partir dos seus resultados. Usar uma gama de configurações financeiras via IA para «back-testing» permite a consideração de mudanças no comportamento do mercado e outras tendências, reduzindo à partida o potencial de subestimar o risco em tais cenários.

Da mesma forma, as técnicas de aprendizagem da IA e de ML também estão a ser aplicadas aos «stress tests». O aumento do uso destes testes após a crise financeira colocou desafios aos bancos nunca antes vistos, pois passaram a analisar grandes quantidades de dados para o cumprimento desses testes regulatórios. As ferramentas desenvolvidas em IA visam limitar o número de variáveis utilizadas na análise de cenários.

Em contraposição a toda esta maior acuidade, releve-se também que o uso de algoritmos complexos pode resultar em falta de transparência para os clientes, como se tratasse de uma «caixa-preta» indecifrável, difícil de explicar a notação de risco e a decisão de crédito daí resultante.

7
Gestão de patrimónios e mercado de capitais

Para comprar ou vender ativos como ações, dívida e «commodities», é necessário um registo permanente da propriedade desses ativos. Hoje em dia os mercados financeiros fazem esse registo através de uma cadeia complexa de corretores, plataformas de negociação, câmaras de compensação e bancos depositários.

Por exemplo, se pretender comprar uma ação do BPI, o pedido tem de dar entrada na Euronext Lisboa através de um intermediário financeiro, que encontra um vendedor para a ação que pretende comprar. Este processo torna-se muito mais complicado quando estamos na presença de transações eletrónicas.

Para resolver este processo ineficiente, quase manual, entraram em cena os algoritmos, que vieram mudar a forma como os investidores negoceiam no mercado de capitais, na medida em que tornaram o processo muito mais rápido e seguro. Através do aumento da capacidade de computação, a negociação de alta frequência tornou-se possível, trazendo maior liquidez ao mercado e diminuindo os custos de transação.

Agora, com a chegada da tecnologia DLT, dá-se mais um passo em frente, adensando as vantagens das decisões algorítmicas na gestão dos portefólios e na melhoria da eficiência dos mercados de capitais de uma forma geral.

7.1. MERCADOS DE CAPITAL GLOBAIS

O «trading» tradicional continua com barreiras desnecessariamente elevadas à entrada. O custo e a complexidade administrativa são altamente exclusivos. Em contrapartida, através de criptoativos, a negociação pode ser feita rapidamente, de forma económica e por quase todos (emitentes e investidores). Os criptoativos significam para o investimento o que a Internet significa para a publicação de conteúdos: qualquer um pode fazê-lo. Esta mudança apresenta problemas complexos, mas será seguramente (mais do que) contrabalançado por novas e maiores oportunidades de criação de riqueza para as massas.

A IA, expressa nos algoritmos de negociação cada vez mais inteligentes e incorporados na aprendizagem da própria máquina, terá nesta área financeira um dos seus pontos mais altos: a amplitude e a precisão das análises poderão resultar mesmo na convergência para uma visão única do mercado de capitais.

A blockchain também vai aliviar muito as costas às instituições financeiras que atuam no mercado de capitais, quanto às suas obrigações de «compliance», na medida em que lhes permitirá automatizá-lo e, assim, reduzir estrutura de reporte institucional.

Os custos de «compliance» são elevados e uma parte importante dos custos indiretos: de acordo com o *Financial Times*, em 2015, as maiores instituições financeiras mundiais gastaram cerca de quatro mil milhões de dólares em atividades relacionadas com «compliance». Uma vez que os custos elevados resultam do forte pendor manual do processo: anualmente, os auditores coordenam-se com o banco para realizar a auditoria às demonstrações financeiras e avaliação de risco, sendo que para o efeito o banco fornece múltiplas cópias de dados financeiros materialmente relevantes e acesso aos sistemas que permitem que as análises sejam realizadas; ao longo do processo, os auditores trabalham diretamente com a administração executiva do banco, a quem vão pedindo informações adicionais; no final da avaliação, a equipa de auditoria emite a sua opinião sobre a situação financeira global do banco sob a forma de um relatório de auditoria independente.

A partir do resumo processual atrás, rapidamente se conclui que a atividade de «compliance» é «mão-de-obra intensiva», pois requer representantes de múltiplas áreas funcionais, reduzindo a produtividade à medida que os funcionários individuais não cumprem as suas atividades diárias, bem como ineficiente no processamento da informação, que é replicada em cópias em processos manuais que aumentam a probabilidade de erros.

Com a tecnologia DLT a informação está disponível para os auditores em tempo real, até ao nível que a administração permitir e em concordância com os auditores, o que imediatamente desafeta ao processo muitas pessoas do banco, começando pelos administradores. Assim, os auditores utilizam apenas dados diretamente da DLT, eliminando erros gerados a partir da atividade manual.

Para além da blockchain e da IA, os mercados de capitais têm outras tecnologias a influenciá-los sobremaneira: o Field Programmable Gate Array (FPGA) e a Cloud Computing. Com o FPGA, o software é incorporado no hardware para permitir uma velocidade muito mais determinista; o facto de os FPGA serem reprogramáveis torna-os também extremamente flexíveis, sublinhando as principais vantagens do FPGA na ordem do desempenho, do tempo de comercialização, no custo, na confiabilidade e na manutenção a longo prazo.

Funcionando o FPGA na «cloud», tal aumenta ainda mais o interesse das plataformas do mercado de capitais em operar na «nuvem», a que acresce o facto de a execução de aplicativos do «middle office» e «back office» na nuvem ser mais direta e menos onerosa.

7.1.1. «TRADING» ALGORÍTMICO: PARA ALÉM DA NEGOCIAÇÃO DE ALTA FREQUÊNCIA

A utilização de algoritmos no «trading»[27] acompanhou desde o início a evolução do poder de computação. Pode-se recuar à década de 70 do século passado, nos esforços em determinar o portefólio ótimo, passando pelo surgimento de negociações algorítmicas totalmente automatizadas do início da década de 90. Desde então, o foco principal da negociação algorítmica passou a explorar as oportunidades de arbitragem geradas pelos diferentes fusos horários e/ou locais de negociação, alavancando o acesso à negociação de alta frequência[28] e, assim, proporcionar uma escalada na liquidez do mercado.

---

[27] Os algoritmos processam uma quantidade gigantesca de informação e através de modelos matemáticos encontram padrões, que permitem fazer previsões com base na teoria estatística das probabilidades.

[28] A negociação de alta frequência é uma subcategoria da negociação algorítmica, na medida em que esta corresponde a uma categoria mais ampla, que engloba toda e qualquer forma de negociação que faça uso de modelos computorizados que determinem como, quando

O «trading» automático substituiu em grande parte a «negociação em viva voz», pela qual as ofertas são transmitidas oral e/ou gestualmente num espaço concebido especificamente para esse efeito (o «floor» de negociação), tradicionalmente realizadas por corretores, que fazem os preços coordenando manualmente as ofertas e assumindo os riscos de comprar e vender ações em troca. Nesse sentido, os mercados de capitais já não carecem de ser concebidos como verdadeiros espaços físicos, encontrando-se a atual negociação cada vez mais dependente da inovação tecnológica. E grande parte dessa inovação encontra-se, neste momento, focada no aumento das velocidades de processamento da negociação, tendo como objetivo a diminuição dos custos das transações e a potenciação de ganhos de eficiência nos processos de execução das ordens em mercado.

Os algoritmos puseram o mercado de capitais a processar mais informação e de forma mais rápida, permitindo a comparação em simultâneo de vários preços e indicadores económico-financeiros dos ativos cotados. A reação a alterações do mercado passou a ser imediata; com as telecomunicações a processarem-se através de cabos de fibra ótica, os algoritmos podem transacionar praticamente à velocidade da luz, reagindo em todo o mundo em frações de segundo.

As estratégias algorítmicas podem ser desenvolvidas por forma a melhor equilibrar o risco e a rentabilidade, permitindo maximizar os ganhos e minimizar as perdas; podem ser acrescentados controlos «loss» para que procedam à liquidação automática da posição, caso uma das definições do algorítmico registe perdas para além de um limite percentual. Podem ser também introduzidos algoritmos de gestão de risco para gerir instrumentos financeiros correlacionados que façam parte de um determinado portefólio, limitando a exposição a grandes perdas.

> **VANTAGENS DA NEGOCIAÇÃO ALGORÍTMICA**
>
> - Processa mais informação e mais rapidamente;
> - Inexistência de emoções;
> - Rápida execução;
> - Gestão de risco mais apurada.

---

e onde executar uma determinada ordem de compra ou de venda de instrumentos financeiros. A negociação de alta frequência caracteriza-se por um elevado rácio de ofertas por transação (*order-to-trade ratio*), consubstanciando uma diferença muito significativa entre o número de ofertas introduzidas no mercado pelos operadores e o número de transações efetivamente concretizadas num determinado período de tempo.

Para além da negociação de alta frequência, que atingiu o seu pico em 2009-2010, ao representar mais de 75% do volume de ações negociadas nos Estados Unidos, as estratégias algorítmicas continuam a bater sucessivamente os índices sectoriais e a comprovar que esta técnica está mais do que aprovada.

Deste modo, o mercado de capitais está atualmente dividido entre duas estratégias de tomada de decisão: o «trading» discricionário, sem qualquer intervenção de algoritmos, e as decisões automáticas tomadas tendo por base modelos algorítmicos (a denominada «black box»). Claro está que entre os dois extremos pode-se ter uma paleta de estratégias que combinam as duas principais; por exemplo, utilizando apenas o modelo algorítmico para analisar e sugerir, ficando a tomada de decisão final nas mãos do «trader».

Sendo este o panorama atual, o patamar da evolução tecnológica e do «trading» algorítmico está, por isso, colocado bem alto.

O aumento da velocidade e a concomitante redução de custos e otimização de ganhos estão no desenvolvimento plataformas ainda mais rápidas e, sobretudo, mais inteligentes. Terão de ser máquinas mais ágeis, porque os eventos da vida real serão refletidos no preço do mercado a uma velocidade muito mais rápida, ao mesmo tempo que os «traders» têm acesso e atuam sobre novas fontes de notícias (blogues, tweets etc.), mas também plataformas mais precisas, tentando eliminar qualquer tipo de erro.

Aqui o futuro está perfeitamente identificado, estando-se já no processo da afinação tecnológica das plataformas de automação: big data e IA. Neste mercado a informação é crítica para a tomada de decisão, pelo que a existência de máquinas capazes de processar «feeds» de notícias através de algoritmos em tempo real sem qualquer interpretação humana e descobrir eventos importantes mais rápido do que os canais de notícias tradicionais, através de uma análise das redes sociais, é também fundamental. Aqui, big data é uma pedra angular, para que seja possível aceder a amplos conjuntos de dados em tempo real, através de bancos de dados especializados, e proceder a análises intuitivas sobre movimentos do mercado com base no mapeamento de correlações.

A ligar esta megaestrutura de informação está a IA, como plataforma de aprendizagem das próprias máquinas, capazes de fazer perguntas, descobrir e testar hipóteses e tomar decisões automaticamente com base nas análises daqueles conjuntos de dados. Por sua vez, a IA adaptada os mercados financeiros tem de se estruturar, para além da sua intrínseca capacidade de

FIGURA 44: Sistema algorítmico financeiro

aprendizagem, na inferência bayesiana (uma fórmula na qual a probabilidade para a hipótese é atualizada com base em novos dados), na psicologia comportamental (estuda como as respostas aos estímulos ambientais moldam as ações das pessoas), na teoria da complexidade (estuda o funcionamento de sistemas complexos), nos mapas cognitivos Fuzzy (forma de representar o conhecimento científico social e modelar a tomada de decisões em sistemas) e na perspetiva histórica, aplicando o conhecimento de eventos passados.

A IA e as técnicas de ML são áreas ativas de pesquisa e desenvolvimento nos mercados de capitais, na procura de estratégias cada vez mais eficientes de negociação e investimento. Por exemplo, as empresas de trading estão ávidas de analisar o comportamento comercial passado para poder ajudar a antecipar o próximo pedido de um cliente.

Para as grandes empresas de trading, como os bancos, a utilização de um livro de negociação centralizado ou técnicas de gestão de risco baseadas em grandes análises de dados permitirão que essas empresas façam a gestão dos riscos de forma mais eficiente.

As instituições financeiras podem usar também a IA para obter mais informações do que aquela trabalhada pelos modelos históricos, sobretudo para identificar relacionamentos não-lineares, ganhando valências na capacidade de reação às mudanças no mercado.

A análise do impacto do mercado envolve a avaliação do efeito da negociação de uma empresa sobre os preços de mercado. Uma vez que as empresas estão preocupadas com o impacto dos negócios, especialmente de grandes negócios, em preços de mercado, uma estimativa mais precisa desse impacto é fundamental para a rapidez da ação e para a minimização dos custos de execução de negociação.

FIGURA 45: Máquinas que tomam decisões

O impacto da própria negociação de uma empresa financeira nos preços de mercado é notoriamente difícil de modelar, especialmente para títulos menos líquidos, onde os dados sobre negócios anteriores comparáveis são escassos; as ferramentas de IA podem ajudar exponenciando os modelos já utilizados ou introduzindo uma abordagem de aprendizagem IA para minimizar o impacto comercial sobre os preços e a liquidez. De uma forma automática a ferramenta IA agrupa os títulos em portefólios amplos e intuitivamente semelhantes e, de seguida, utilizando análise de agrupamento, coleta os produtos mais comparáveis de cada um desses portefólios, para avaliar a liquidez e o preço de mercado de cada um dos títulos individualmente.

A partir daqui todas as estratégias podem ser gizadas.

Em conclusão, a tendência é o envolvimento dos consultores/analistas no processo de negociação diminuir à medida que as máquinas automatizam uma ampla gama de atividades principais, sobretudo quando precisarem a capacidade de tomada de decisão.

Problemas? Um exemplo como prova da sua existência: a 23 de abril de 2013, uma notícia falsa sobre explosões na Casa Branca foi publicada na conta Twitter «pirateada» da Associated Press; estando os sistemas de «trading» algorítmicos ligados aos «feeds» mais importantes do Twitter, a leitura desta «fake new» resultou em ordens de venda quase imediatamente após a publicação da «notícia», resultando no desaparecimento de 136 mil milhões de dólares do índice S&P 500 em apenas dois minutos após o «tweet»! Assim, à medida que a adoção de máquinas mais inteligentes e rápidas acelera a análise e atuação sobre dados, o papel dos seres humanos na execução comercial diminuirá e as máquinas inteligentes substituirão as suas atividades, contudo, mesmo pequenos erros passarão a ter um impacto muito maior com a automatização dos processos.

7.1.2. A BLOCKCHAIN NO MERCADO DE CAPITAIS

Para além do «trading» algorítmico, também a blockchain tem uma palavra a dizer na simplificação do processo de compra e venda de ativos financeiros, contribuindo para uma maior eficiência e redução de custos.

No sistema atual, quando se compra ou vende um ativo, esse pedido é transmitido por todo um grupo de terceiras partes, sendo a transferência de propriedade registada num livro por cada entidade participante. Deste modo, as transações de ativos financeiros demoram entre um a três dias a concretizar-se, pois todos os registos devem ser atualizados e reconciliados no final do dia. Como há tantas partes diferentes envolvidas, as transações geralmente precisam de ser validadas manualmente — e cada parte cobra uma comissão.

A câmara de compensação, por sua vez, centraliza todo o processo, registando todos os movimentos de ativos dentro do sistema financeiro entre instituições.

A tecnologia blockchain promete revolucionar os mercados financeiros através da criação de uma base de dados descentralizada de ativos únicos e digitais. Com um livro de registos distribuído, é possível transferir os direitos de propriedade de um ativo através de «tokens» criptográficos. Ou seja, enquanto a Bitcoin conseguiu esse registo com ativos puramente digitais, as novas empresas de blockchain estão a trabalhar em formas de «tokenizar» ativos da economia real, desde ações a imóveis e ouro.

Por outro lado, a existência de um livro de registos distribuído por várias partes elimina a necessidade de uma autoridade central a certificar a propriedade dos ativos (a câmara de compensação). Em vez disso, a certificação é realizada e verificada por muitas instituições, o que reduz significativamente a fraude e a manipulação do mercado.

FIGURA 46: Mercado de capitais sem e com blockchain

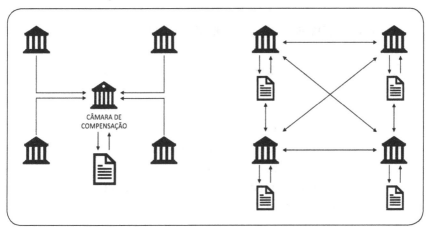

O potencial de disrupção é enorme. Os quatro maiores bancos custodiantes nos Estados Unidos — State Street, BNY Mellon, Citigroup e JP Morgan — domiciliam cerca de 15 milhões de milhões de ativos; embora as comissões sejam tipicamente inferiores a 0,02%, os lucros provêm do grande volume de ativos sob custódia, que, com a utilização da blockchain, desaparecem. Mais, através de «contratos inteligentes» via blockchain, os ativos «tokenizados» podem funcionar como capital próprio programável, pagando dividendos ou realizando recompras de ações através de algumas linhas de código criptográfico. Finalmente, colocar os ativos da economia real na cadeia de blocos tem o potencial de inaugurar um acesso verdadeiramente global aos mercados de capital.

Perante esta revolução digital, algumas bolsas já se estão a movimentar, como é o caso da australiana, que anunciou a sua intenção de substituir o sistema de contabilização, liquidação e custódia com uma solução de blockchain desenvolvida pela Digital Asset Holdings. A NASDAQ já realizou com sucesso transações via blockchain com o Citigroup e está a desenvolver uma plataforma de negociação toda ela sustentada na tecnologia blockchain (denominada tZero) para valores mobiliários que cota.

No entanto, ainda existe um forte obstáculo regulatório à blockchain no mercado de capitais, pois ainda não está claro se a propriedade em blockchain é juridicamente vinculativa. Assim, as orientações regulamentares e legislativas serão fundamentais para o sucesso destes projetos nascentes.

7.2. GESTÃO DE PATRIMÓNIO DIGITAL: OS ROBO-ADVISORS

A oferta de gestão de riqueza passa por três grandes blocos: o aconselhamento, com definição de estratégias de alocação de investimentos, a efetiva gestão de patrimónios com a seleção de ativos, e análise de valores mobiliários; a atividade de «brokerage», que passa pela distribuição de produtos de investimento (fundos de investimento, produtos estruturados, seguros etc.), por permitir o acesso a produtos e ativos raros e a gestão de contas de corretagem; e serviços de valor acrescentado, como o planeamento de transferência de riqueza, estratégias de eficiência fiscal e preparação da reforma.

Esta indústria de gestão de patrimónios sofreu a importante perda de confiança com a crise financeira de 2007/08, confiança essa que tem sido recuperada lentamente perante a manutenção de incertezas económicas contínuas. Neste ambiente de desconfiança e imprevisibilidade, emergiram vários «players» disruptores, com serviços automatizados de gestão de património e até plataformas de negociação via redes sociais, fornecendo alternativas de baixo custo, mas igualmente sofisticadas.

Este ambiente inovador na gestão de patrimónios está a incrementar a ideia de que esta indústria pode gerar mais valor e incorporar mais clientes. Ferramentas eletrónicas mais baratas e mais rápidas e serviços automatizados vão massificar ainda mais este serviço e empurrar os gestores de riqueza tradicionais para segmentos/nichos mais personalizados e baseados num relacionamento gestor/cliente muito próximo.

Acresce que com estas ferramentas intuitivas e acessíveis, alguns investidores individuais também podem autonomamente ganhar um nível de sofisticação suficiente para atuarem como especialistas em gestão de investimentos, vendendo e compartilhando os seus conhecimentos através das plataformas sociais, escalando a sua intervenção e destruindo o valor aportado pelos profissionais tradicionais.

O «robo-advisor» é um software de gestão de carteira de ativos que toma em consideração o perfil de risco e as preferências do investidor (dentro da classe de risco), um determinado horizonte temporal, criando um plano de gestão de património que funciona sob uma base de algoritmos. Funciona 24 horas por dia, sete dias por semana, gerindo em permanência o dinheiro do cliente e fazendo os ajustamentos de acordo com o que está a acontecer «just-in-time» nos mercados financeiros.

Pode-se resistir ou ser mais ou menos cético, mas mais cedo ou mais tarde a transformação vai ocorrer. Aliás, o futuro já começou no início da década com a Betterment — criou o primeiro «robo-advisor» e continua a ser a maior empresa de gestão de patrimónios independente dos grandes grupos financeiros — e a Wealthfront, com os seus objetivos audaciosos de substituírem os operadores históricos da gigantesca indústria da gestão de património.

Perante uma primeira postura de «esperar para ver» quanto à gestão das carteiras por inteligência artificial, os principais «players» do mercado já entraram em ação. Em 2015, gigantes como a Vanguard e a Charles Schwab, que gerem, cada um, milhares de milhões de dólares de ativos, começaram a apresentar os seus próprios «robo-advisors»; enquanto isso, a Blackrock adquiriu uma plataforma já existente (FutureAdvisor) para entrar no mercado, e há apenas alguns meses a gigante Fidelity lançou seu próprio «robo-advisor» denominado Fidelity Go. Em 2015 os «robo-advisor» geriam cerca de 300 mil milhões de dólares de ativos, prevendo a Bloomberg que em 2017 esse valor passe para 500 mil milhões de dólares, mas estima-se que em 2020 atinja os 2,2 triliões de dólares de ativos.

> **«KEY FACTORS»**
>
> - Redução do papel dos seres humanos.
> - Aumento da especialização.
> - Forte concorrência na captação de novas fontes de informação, sobretudo, emotivas.
> - Redução da margem do negócio.
> - Aumento da rapidez na decisão.
> - Concorrência distorcida, com vantagem para quem possuir as máquinas mais inteligentes.

A pressão faz-se em todos os segmentos da gestão de ativos. Uma nova geração de start-ups está a posicionar-se para assumir a gestão de mais de 28 milhões de milhões de dólares de ativos de fundos de pensões. Estas plataformas de «robo-retirement» simplificam o acesso aos empregadores, reduzem os custos de gestão dos planos de reforma e fornecem preços transparentes; enquanto isso, o conjunto de produtos e serviços dos gestores de património clássicos permanecem estáticos, logo vulneráveis a disruptores.

Os programas de reforma patrocinados pelo empregador ainda são uma parte amplamente inexplorada e crescente do mercado de poupança, o que está a atrair fintechs que, não tendo a dimensão dos «players» tradicionais, têm a flexibilidade e a eficiência que lhes traz os «robo-advisors», e o foco no essencial: captação e fidelização de clientes.

À medida que os serviços automatizados de gestão de riqueza e as ferramentas online estabelecem um sólido histórico, vão continuar a ser desenvolvidas novas ofertas de serviços para abranger cada vez mais clientes. Por sua vez, os gestores de riqueza tradicionais vão observar a sua quota de mercado a diminuir drasticamente com a migração dos clientes para a automatização mais barata; daqui resulta que os gestores «clássicos» vão ser também eles forçados a desenvolver as suas próprias soluções automatizadas, a aceitar margens mais baixas ou a ancorarem-se em nichos muito específicos onde os clientes procuram uma experiência altamente personalizada.

Por outro lado, a inovação disruptiva na gestão de patrimónios está a pressionar a indústria financeira a melhorar o valor criado e a entregá-lo a cada vez mais clientes. Instrumentos online mais baratos e rápidos e serviços automatizados conseguem chegar a mais clientes, nomeadamente aos que possuem menos conhecimento sobre os mercados financeiros, forçando as casas de investimento tradicionais a expandirem o foco para o mercado de massas. Mas tenderão os assessores financeiros a desaparecer? O argumento da redução de custos é facilmente entendível para se defender a automação, pois investir em tecnologia fica mais barato do que pagar salários e bónus a analistas e consultores financeiros, tal como também é verdade que o software de um computador pode processar de forma mais fiável toneladas de dados em menos tempo do que uma pessoa. Mas a automação elimina um valioso fator de decisão: o julgamento métrico-humano, a perceção, a sensibilidade e mesmo a intuição. Por exemplo, quando se trata de avaliar a tolerância ao risco do investidor, a intervenção humana é fundamental e o perfil de risco é um fator importante quando se trata de selecionar investimentos e avaliar a tolerância ao risco exige uma discussão individual. Concluindo, os consultores de investimento podem ser mais caros que um software, mas penso que continuam a gerar mais valor no longo prazo.

Na gestão de portefólios, a IA e as técnicas de ML estão a ser usadas para identificar novos sinais que implicam os movimentos de preços e para fazer uma utilização mais efetiva da grande quantidade de dados disponíveis. As ferramentas IA funcionam segundo os mesmos princípios das técnicas analíticas existentes, utilizadas no investimento sistemático, onde o fator--chave é identificar sinais nos dados disponíveis, permitindo prever com maior precisão os preços ou o nível de volatilidade dos ativos, em vários horizontes temporais, para gerar retornos mais altos e não correlacionados.

Entre os gestores de ativos, as técnicas ML são utilizadas de forma mais abrangente por fundos sistemáticos («quant»), a maioria dos quais hedge funds. Uma unidade de IA tende a ficar dentro de uma equipa maior de gestores de ativos, para auxiliar na construção de portefólio, pois entende-se que a IA é mais eficaz, tanto para os traders quanto para os quants, se estiverem integrados e em colaboração.

Ou seja, as plataformas automatizadas de gestão de investimentos estão a massificar uma grande parte das operações de gestão de riqueza, tornando automáticas atividades padronizadas e serviços de valor acrescentado (por exemplo, gestão fiscal); no entanto, a procura pela interação em pessoa continua a existir em todo o espectro de serviços da gestão de patrimónios. Deste modo, por forma a manterem-se competitivas face às plataformas automatizadas, as gestoras de patrimónios tradicionais têm de adotar e desenvolver funcionalidades automatizadas, libertando os gestores de património para serviços mais especializados e para uma base de clientes mais ampla, melhorando a qualidade global dos serviços.

Tudo isto não é um fenómeno novo e, dados os exemplos anteriores, constata-se que a decisão humana e personalizada continua a fazer sentido. Desde o advento da corretagem online, a capacidade para os investidores individuais para desenvolver estratégias sofisticadas e participar em atividades de investimento tem crescido continuamente. Por isso, parece haver espaço para todos, incluindo as ferramentas da próxima geração que estão a utilizar algoritmos avançados, visualização e computação em «cloud» para eliminar as barreiras tradicionais, como a necessidade de fortes conhecimentos em programação. Estas inovações técnicas estão a reduzir o fosso entre os investidores individuais e profissionais, facilitando o surgimento de mercados para estratégias de negociação pessoal e algoritmos para decisões automáticas.

As novas plataformas de negociação oferecem meios mais eficazes para os indivíduos partilharem ou venderem os seus conhecimentos de técnicas de investimento a outros investidores individuais. Assim, vamos ter investidores individuais muito sofisticados a competir diretamente com gestores profissionais.

Em conclusão, é inevitável vermos cada vez mais empresas de serviços financeiros a mudarem o seu negócio para a blockchain, para sistemas automatizados.

8
A banca de retalho na Banca 4.0

O setor bancário está a viver uma profunda disrupção, pressionado pela regulamentação e pela tecnologia, que lançaram as bases de uma mudança estrutural de todo o modelo de negócios. De facto, catalisados pelos reguladores e impulsionados pelo desejo de satisfazer de forma mais eficiente as necessidades dos clientes, os canais de distribuição dos produtos bancários também estão em franca alteração, tendo já conduzido ao aparecimento dos «bancos virtuais» e à intensificação da banca móvel.

Os modelos tradicionais de distribuição estão, assim, na iminência de serem trocados exclusivamente por modelos de negócio suportados em plataformas digitais.

A tendência está traçada, se as instituições financeiras tradicionais quiserem continuar a crescer, vão ter de se ajustar e proporcionar aos seus clientes esta experiência virtual, onde o banco passa a estar no bolso, no tablet e no PC dos consumidores. Contudo, se é verdade que as preferências dos clientes estão a deslocar-se rapidamente para os canais digitais, não é menos verdade que os balcões físicos continuam a ser uma componente crítica da experiência bancária. Ou seja, muitos clientes têm necessidades bancárias que apenas os balcões físicos podem preencher atualmente, enquanto outros clientes preferem (e eventualmente vão continuar sempre a preferir) um canal baseado na interação humana.

No entanto, a presença física nas instalações do banco vai diminuir, pelo que o encerramento de balcões vai continuar a ocorrer (e a acelerar) e os balcões que ficam tenderão eles próprios a metamorfosear-se em espaços de experiência mais sensitiva do que resolutiva (quase como «VIP lounges»).

8.1. NOVOS CANAIS

Os novos canais são digitais. Ponto. E têm o e-commerce como modelo de negócio: fácil utilização para o utilizador, operacionalidade e procura do melhor preço. A obrigação de estar permanentemente atento ao mercado, com foco no que é diferenciador para o público-alvo, aliada a uma crescente criatividade, permite caminhar na construção de espaços digitais apetecíveis, capazes de suscitar o interesse dos consumidores.

Com esse princípio em mente, os atuais e futuros novos canais têm de ser, antes de mais, promotores das melhores práticas de transparência e da sustentabilidade (mais do que um ato simples de compra, os clientes estarão cada vez mais interessados em investir o seu dinheiro naquelas instituições que mais cuidam de diferentes causas, não sendo suficiente a qualidade dos produtos, embora obrigatória).

A customização da relação com clientes é igualmente importante. Não é por acaso que perto de 60% dos consumidores preferem fazer as suas compras onde sejam reconhecidos pelo nome e que dão preferência às empresas que realmente interagem com as suas necessidades.

8.1.1. MODERNIZAÇÃO E DIGITALIZAÇÃO DOS BANCOS INCUMBENTES

Neste cenário, os bancos incumbentes digitalizam-se e modernizam-se para manter o relacionamento com o cliente e os seus serviços bancários principais, investindo nas tecnologias que os vão habilitar a adaptar os seus modelos de negócios ao contexto atual.

Os bancos tradicionais estão sob pressão para melhorar, simultaneamente, a sua rentabilidade e a relação com o cliente. E, ao contrário das fintechs, devido ao seu conhecimento do mercado e às suas mais elevadas capacidades de investimento, estão numa situação privilegiada para melhorarem o fornecimento de serviços e produtos, adotando novas tecnologias ou melhorando as existentes. Tecnologias como a computação em nuvem, big data, IA e DLT, estão a ser adotadas ou a ser consideradas nos investimentos futuros, como um meio para melhorar os produtos, os serviços e as operações atuais dos bancos.

Os bancos incumbentes estão a usar novas tecnologias para desenvolver propostas de valor, que não podem ser efetivamente fornecidas com a infraestrutura atualmente instalada. Novas tecnologias como biometria, vídeo, «chatbots» ou IA vão poder ajudar os bancos a criar capacidades sofisticadas para manter sob controlo o relacionamento com clientes, ao mesmo tempo que asseguram transações e mitigam os vários riscos de «compliance».

A maior parte dos bancos já desenvolveu serviços de pagamentos móveis com a própria marca ou serviços de pagamento fornecidos por terceiros que se integram nas plataformas operadas pelo banco. Na gestão de património os bancos também têm propensão a oferecer serviços, parcial ou totalmente automatizados, com a intenção de manter uma posição competitiva no mercado de retalho, retendo os clientes e atraindo novos. Neste mesmo cenário, a digitalização dos processos de empréstimo está a tornar-se cada vez mais importante, para atender à procura do consumidor em relação à velocidade, conveniência e ao custo da tomada de decisões de crédito. A digitalização requer interfaces mais eficientes, ferramentas de processamento, integração com sistemas legais e de gestão de documentos, além de ferramentas sofisticadas de identificação de clientes e prevenção de fraudes. Estes podem ser alcançados pelos bancos incumbentes através do desenvolvimento de uma plataforma própria de empréstimos, a compra de um existente ou a terceirização.

Embora existam sinais claros de que os operadores históricos estão a aumentar os investimentos na digitalização e modernização no planeamento estratégico, ainda está para ser provado inequivocamente em que medida este cenário será o dominante.

8.1.2. BANCO VIRTUAL: iBANKS E NEOBANKS

A realidade dos «bancos diretos» já tem pelo menos três décadas, nascida com a banca telefónica e que se foi «virtualizando» com o desenvolvimento do canal online/móvel. Mas por banco virtual não se deve entender apenas a presença do banco na Internet ou de uma app, não, este tipo de banco tem uma existência (própria), integrado nos sistemas de pagamento e a conceder crédito, mas sem instalações físicas, ou seja, 100% virtual.

Claro está que este tipo de banco necessita de estabelecer uma parceria com o sistema de ATM para depósitos de dinheiro, mas para além disso tem uma estrutura muito pequena e processos extremamente eficazes, com tecnologias de biometria nos acessos ao sistema. Esta estrutura enxuta dá-lhe uma maior agilidade na decisão e na comunicação com os seus clientes, que será feita, sobretudo, por redes sociais ou apps.

Dentro desta tipologia de bancos pode-se identificar dois modelos de negócio de alguma forma distintos: os iBanks e os NeoBanks.

Do ponto de vista do consumidor, um NeoBank é um banco de Internet/móvel, que oferece os mesmos produtos/serviços de um banco tradicional, mas que se diferencia por proporcionar ao utilizador uma experiência virtual distintiva. Ou seja, embora ofereça produtos financeiros padrão (isto é, cartões de débito, crédito ao consumo etc.), a interação com esses produtos é totalmente diferente, sendo essa a (principal) proposta de valor para o cliente.

Os NeoBanks utilizam amplamente a tecnologia para fornecerem serviços bancários, sobretudo, através de uma aplicação de smartphone e plataformas fundeadas na Internet. Tal permite que o NeoBank ofereça serviços bancários a um custo menor do que os bancos incumbentes. Eles apostam numa infraestrutura escalável através da «cloud» ou sistemas baseados em API, para interagir melhor através de plataformas baseadas em *media* online, móveis e sociais.

A conta de exploração é predominantemente composta por comissões e, em menor medida, em juros cobrados, juntamente com menores custos operacionais e uma abordagem diferente para comercializar os seus produtos. Os bancos incumbentes, por outro lado, estão em desvantagem, condicionados pela escala e complexidade da sua tecnologia atual e arquitetura de dados, por sistemas legais e pela complexidade organizacional.

Os elementos primordiais desta tipologia de instituição financeira encontram-se no surgimento de bancos como o Atom Bank e o Monzo Bank no Reino Unido, o Bunq na Holanda, o WeBank na China, o Simple e o Varo Money nos Estados Unidos, o N26 e Fidor na Alemanha, e o Wanap na Argentina. Dito isto, ainda não surgiram provas suficientes que sugiram que este atual grupo de «bancos desafiantes» ganhou uma força suficiente para que este novo cenário bancário se torne predominante. Até porque, na maior parte dos casos, os NeoBanks não são um banco *stricto sensu*, uma vez que ele não é mais do que uma interface com um banco tradicional ou necessita sempre de um «banco real». Ou seja, oferece serviços e produtos bancários, mas toda a infraestrutura de base pertence a outro banco. Um exemplo de NeoBank é o banco Simple, comprado pelo BBVA, que tem o Bancorp como banco suporte às operações do Simple, que funciona apenas como um operador de rede virtual móvel.

Estes bancos são «price takers» e ficam-se pela captação de margens menores na cadeia de valor, pelo que o seu modelo negócio passa por estabelecer um bom banco parceiro e focar-se em projetar a melhor interface para sua base de clientes-alvo.

O iBank, por sua vez, é um conceito que tem mais a ver com a Banca 4.0 e, no essencial, define-se por ser um banco de monetização de dados — o banco que a Google ou a Amazon fariam se criassem um banco.

A maior diferença face ao NeoBank é que o seu modelo de proveitos baseia-se em ofertas direcionadas através dessa monetização de dados; por exemplo, se uma pessoa gasta regularmente dinheiro na compra de artigos para casa, poderia receber ofertas promocionais automáticas da Ikea (que paga comissões ao iBank), ou obter um desconto automático na próxima vez que utilizar o seu cartão de débito na Conforama, ou ainda a apresentação de uma linha de crédito direcionada para determinados bens à venda na Casa. Tudo isto traduz-se num custo bancário mais baixo para o consumidor — porque o iBank faz o seu «all-in» também, ou essencialmente, com a venda dos dados/publicidade —, mas também uma experiência para o cliente muito mais personalizada.

Trata-se, pois, de um modelo de negócio que oferece serviços/produtos mais personalizados e que gera proveitos através de marketing direcionado via a monetização dos dados que trabalha no seu big data. Note-se, no entanto, que tal como o NeoBank, o iBank também precisa de um banco parceiro, que lhe forneça a infraestrutura de processamento operacional.

Seja qual for o modelo que vingue com mais força (e para já os ventos estão mais de feição para os NeoBanks), a consultora Accenture prevê que, até 2020, aproximadamente 15% das receitas mundiais dos bancos serão geradas por bancos virtuais.

Dito isto, importa afirmar que muito dificilmente os bancos virtuais se irão impor como bancos universais, antes se afirmarão como soluções alternativas para nichos de mercado, como seja o crédito P2P ou a gestão automática de patrimónios. O seu foco parece estar direcionado para uma tipologia de clientes que não é «coberta» pelos bancos tradicionais, como sejam pessoas que só decidem com base no «pricing» (isenção de comissionamento) — típico da geração «millennial» — e pequenos negócios que procuram menores taxas e maior facilidade de pagamentos (microcrédito).

Acresce que a maior parte dos bancos digitais são subsidiários dos bancos tradicionais, que deste modo conseguem chegar também ao segmento dos clientes mais sensíveis ao fator preço. Por exemplo, o banco espanhol CaixaBank desenvolveu o banco ImaginBank, que, funcionando apenas como banco virtual, isenta todas as transações de comissões; tem uma comunicação descontraída e um design jovem e dinâmico.

Dentro da lógica dos bancos virtuais serem essencialmente instituições de nicho, pode-se ver no PayPal o primeiro caso de banco virtual de sucesso. No caso do PayPal está-se na presença de uma empresa que permite a transferência de dinheiro entre indivíduos (gratuito) ou empresas (pago) e processa pagamentos para negócios e-commerce.

Na situação extrema, de acordo com este cenário de NeoBanks, os operadores históricos não sobreviverão a esta onda voraz de disrupção tecnológica e serão substituídos por novos bancos orientados exclusivamente para a tecnologia, como os NeoBanks ou os bancos constituídos por empresas bigtech.

Neste cenário, os bancos estabelecidos tornam-se meros prestadores de serviços estandardizados e cedem o relacionamento direto com os clientes às fintechs e bigtechs, que utilizam os balanços dos incumbentes para fornecer serviços bancários básicos, tais como empréstimos e depósito. O banco tradicional é relegado para segundo plano e substituído nas operações de valor acrescentado por plataformas front-end que fazem uso inovador e extensivo de conectividade de dados para melhorar a experiência do cliente.

8.1.3. PLATAFORMAS VIRTUAIS

Bancos há que em vez de caminharem diretamente para a criação de um banco virtual, estão a preferir o desenvolvimento de apps que, alojadas numa plataforma móvel, funcionam como «anzol» dos clientes tecnologicamente desenvolvidos, mas que na prática funcionam como mera porta de entrada para a oferta do banco. Esta solução, dada a sua menor fatura face aos investimentos que o desenvolvimento de um banco virtual exige, está a ser adotada não pelos bancos ainda céticos sobre a revolução digital, mas pelos bancos de menor dimensão.

Esta pode ser uma opção definitiva e não meramente de passagem para o banco virtual, pois esta solução responde afirmativamente à maior das exigências dos novos clientes: reduz a fricção no contacto entre os consumidores e os serviços financeiros, alicerçando uma relação de fidelização.

As apps também colocam os clientes no centro das suas decisões, que ficam, sem intermediação ou intervenção de terceiros, à distância de um «click» no «smartphone».

Deste modo, continua a ser uma prioridade para os bancos tradicionais inovar no campo das fintech apps, como forma de acompanhamento de todo o movimento disruptivo que a tecnologia está a trazer à indústria financeira.

Contudo, quando se fala de plataformas virtuais, importa sublinhar que elas não podem ser cópias simples do site corporativo. As aplicações móveis têm de gerar uma experiência distinta da observação de um website num PC, alavancando essa experiência para as características específicas de um «smartphone»: personalização da informação, NFC («Near Field Communications») e «touch screen» próximo. Ou seja, em vez de se empacotar toda a informação do site do banco numa app, deve-se ser seletivo e escolher os serviços «core» da instituição e que melhor se ajustem às características móveis e intuitivas do «smartphone». A maior parte dos bancos tem optado pelos seguintes serviços:

- Consulta de movimentos de contas, cartões de crédito e posição integrada;
- Transferências e pagamentos de serviços;
- Gestão de cartões, como o pedido de alteração de limite de crédito e outras operações;
- Serviço ao cliente (dúvidas sobre produtos; acesso a contactos e à localização das instalações do banco etc.);
- Mensagens personalizadas e informação sobre os próximos movimentos de contas;
- Gestão de poupanças e criação de objetivos à medida de cada cliente.

Os telemóveis já há muito deixaram de ser apenas aparelhos de comunicações, sendo hoje plataformas funcionais para a organização do nosso dia-a-dia e conectores de relações (pessoais e profissionais). Seguindo esta linha de pensamento, os bancos estão a cruzar as suas apps com as de outros parceiros comerciais não financeiros que se ajustam ao perfil de consumo dos seus clientes; por exemplo, o Chase Bank estabeleceu uma parceria com a Shell e com a Starbucks, premiando os seus clientes da app com condições especiais na compra de serviços/produtos nos seus parceiros.

O cross-selling deixou de ser apenas entre produtos financeiros e as plataformas virtuais são excelentes potenciadores dessa prática de negócio, aumentando o nível de relacionamento com o cliente e, ao mesmo tempo, uma fonte de comissionamento na intermediação de venda de produtos não financeiros.

Jocosamente a *vox populi* critica o facto de hoje em dia se comprar num banco produtos não financeiros tão díspares, que vão desde eletrodomésticos a joalharia, passando por viagens e telemóveis. Mas na verdade este cross-selling com marcas selecionadas tornou-se uma fonte de comissionamento não despiciendo para os bancos, pelo que a tendência será para aumentar e, com as apps, uma formulação perfeita para ir ao encontro do impulso de consumo do cliente.

Os bancos incumbentes ainda têm a vantagem do reconhecimento das suas marcas e a escala dos seus clientes, relativamente aos novos «players» que têm de partir do zero, por isso os bancos clássicos estão em clara vantagem para se manterem na vanguarda do desenvolvimento da indústria financeira.

FIGURA 47: **Apps para clientes particulares (BPI) e empresas (Santander Totta)**

8.2. BALCÕES: A MORTE ANUNCIADA?

Desde metade da década passada que era percetível o declínio da operação bancária estruturada sobre balcões físicos, deixando de ser o canal de distribuição mais importante no setor bancário, para serem substituídas por mecanismos muito mais eficientes para a criação de valor e para o relacionamento com o cliente.

A revolução digital tem sido tão disruptiva no setor bancário, que inevitavelmente chegou às estruturas de ponto de venda a retalho, os balcões. Os nativos digitais estão mudar o relacionamento cliente-banco, privilegiando o banco no bolso/em casa/na empresa quem detrimento de sair e dirigir-se ao balcão do banco mais próximo.

Fruto desta tendência, têm vindo a ser encerrados muitos balcões em todo o mundo. Em Portugal o processo é também inexorável e acelerou fortemente a partir da crise financeira, sendo necessário recuar aos anos 80 do século passado para encontrar números mais baixos de agências bancárias. Entre 2011 e 2016, segundo o Banco de Portugal, diminuiu em 1852 o número de balcões bancários para 4454 no final de dezembro de 2016; já em 2017, os cinco principais bancos a operar em Portugal (CGD, BCP, Novo Banco, Santander Totta e BPI) tinham 2680 balcões, menos 349 do que no final de 2016.

No resto da Europa e nos Estados Unidos a situação é em tudo igual.

A razão pela qual os bancos estão a reduzir o número de balcões e as áreas físicas dessas agências decorre diretamente do facto de os clientes simplesmente não estarem a utilizá-los tanto quanto costumavam. Ou seja, não se trata de um problema de design, mas de uma alteração no comportamento de compra por parte dos clientes.

Será então uma inevitabilidade o fim dos balcões?

Não necessariamente, pois na equação a resolver pelos bancos e que passa por pensar permanentemente como criar e manter relacionamentos adequados com os clientes, o balcão físico pode continuar a fazer sentido. A lógica será sempre a de pensar como se pode «conquistar» o cliente.

Outra forma de olhar para a mesma pergunta é interrogarmo-nos porque é que a Apple também continua a abrir lojas (ou em primeira instância: porque é que tem lojas?), pois trata-se do tipo de empresa que melhor corporiza o conceito de desmaterialização digital. Então, porque é que o fazem? A resposta parece-me simples: a Apple percebeu que é quase impossível

FIGURA 48: Tendência clara de redução do número de balcões em Portugal

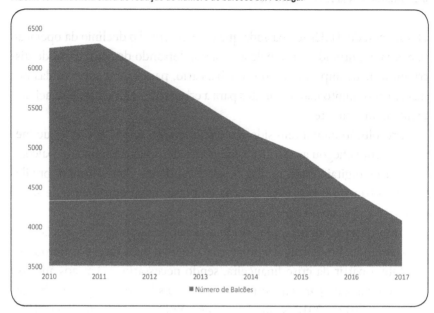

construir relacionamentos «reais» com clientes sem alguma forma de experiência «real»; algo tangível que passa do mundo virtual para o mundo real. Ao criar experiências perfeitas, ou noutras palavras, onde a experiência do mundo virtual é ampliada pela experiência do mundo real, e vice-versa, o negócio da Apple está a criar confiança e lealdade com a sua base de clientes.

Os bancos têm, assim, o mesmo desafio, mas ao contrário: transformar a experiência digital num argumento que melhora a experiência «real» e a visita a um espaço físico capaz de gerar sensações de conforto e rapidez que as soluções virtuais oferecem. O plano de vendas e marketing tem de passar de um modelo de produto e transação para uma cultura baseada em serviços, onde a fidelidade é conquistada através de relacionamentos.

Neste cenário, o balcão não desaparece, mas será reinventado. Vão ser menos balcões a servir o universo de clientes, mas balcões redesenhados para acomodar o novo paradigma alicerçado no «customer empowerment». Neste sentido, a tendência do mercado será a da extinção do balcão convencional, com um espaço bem delimitado entre o cliente e o colaborador do banco, para se transformar o ponto de venda numa experiência única e de entretenimento, onde o apelo aos sentidos ganha particular relevância.

Alguns bancos internacionais, como o francês BNP Paribas e o ibérico CaixaBank, já têm balcões sensoriais modelo a funcionar e a apontar o caminho do futuro. Esses balcões dividem-se em três espaços distintos e perfeitamente separados.

- À entrada no edifício o cliente é confrontado com um espaço completamente automatizado, com máquinas ATM, integrando a componente de depósito, e terminais de acesso às soluções móveis do banco (Internet, telefone e apps). Neste espaço do balcão, sem qualquer intervenção humana, o cliente pode resolver grande parte das suas necessidades bancárias (por exemplo, levantamentos e consultas; pagamentos; transferências; débitos diretos; requisição de cheques; depósito de notas e entrega de cheques para depósito).
- Caso a solução não esteja naquele espaço automático, o cliente entra numa segunda secção do balcão, onde encontrará um ambiente confortável (tipo «lounge») e com a oferta do banco exposta em «screen walls» e «tablets»; autonomamente, ou com o auxílio de um colaborador do banco, pode detalhar a oferta até encontrar o produto que deseja e, no limite, contratar naquele mesmo espaço. Será também nesta parte do balcão que o banco fará o seu maior esforço de venda cross-selling.
- Passados aqueles dois espaços de interação, caso não tenha sido suprida a necessidade do cliente, é que se encontra uma área do balcão mais convencional, de acompanhamento personalizado.

FIGURA 49: O balcão do futuro

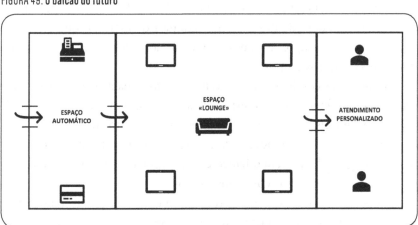

No fundo trata-se de balcões mais parecidos com lojas de retalho, de maior dimensão numa rede menos atomizada, com horários mais alargados, tecnológica e sensorial.

A resiliência dos balcões também resulta da existência não despicienda de clientes que, apesar da impetuosidade da Banca 4.0, continuam a preferir o contacto pessoal com o banco para tudo o que se relacione com a gestão do seu património financeiro. Mas não só, importa não esquecer que em algum momento, como, por exemplo, com a assinatura de um contrato com um cliente, o banco exigirá a presença do cliente num balcão.

Assim, fica mais do que provado a importância da experiência do cliente ao entrar no ponto de venda bancário, sendo que, seja qual for o argumento, o futuro do retalho estará sempre a cargo daqueles que não deixem de testar o mercado, ouvindo e vendo os clientes, introduzindo pequenas melhorias oriundas da criatividade, concorrência direta ou de outros mercados e casando definitivamente o físico com o tecnológico. Do lado de lá estarão sempre os clientes, que escolhem ou preterem.

8.3. PRODUTOS BANCÁRIOS MODULARES

O ambiente digital que formatará o futuro do banco revela-se nas infraestruturas de «back & middle-office», nos pontos de venda, nos serviços prestados e na formulação de novos produtos, mas também vai passar pela segmentação da sua oferta para que esta seja, dentro do possível, mais customizada. Tendo estes objetivos em mente, e assumindo que as empresas são diferentes de diversas formas, os bancos tendem cada vez mais a perscrutar as necessidades dos clientes e a criar módulos de oferta, o que envolve a identificação dos grupos de clientes, que são homogéneos entre si, porém, diferentes de outros grupos.

São quatro as condições que devem ser consideradas para realizar uma segmentação efetiva: as características do segmento devem ser identificáveis e mensuráveis; deve ser possível atingir o segmento em questão com as estratégias de marketing adequadas; o segmento deve ter condições propícias para gerar lucro para o banco e cada segmento deve ter uma reação única para diferentes esforços de marketing.

A concretização de todo este processo só está a ser possível à custa de algumas tentativas e erro por parte dos bancos ao longo dos anos e, claro está, através de um forte investimento em CRM (Customer Relationship Management). Note-se que a modulação não se trata apenas da simples tarefa de definir o tamanho do segmento, mas sobretudo de caracterizar cada um dos módulos. A proposta que se traz agora para uma modulação da oferta de produtos e serviços bancários mimetiza, de alguma forma, a divisão anteriormente identificada entre Particulares e Pequenos Negócios/PME/Grandes Empresas, mas vai um pouco mais além ao definir uma estratégia de atuação distinta, na abordagem de marketing e de ação comercial, para cada um desses módulos. No fundo visa desenvolver uma plataforma de gestão interna de produtos/serviços de crédito, que permita uma afetação mais eficiente da oferta por segmento/módulo.

A estrita divisão entre segmentos não chega, é necessário criar módulos compostos que, desta forma, interpretem os clientes nas suas necessidades e, ao mesmo tempo, permitam manter uma operação eficiente e rentável.

FIGURA 50: Oferta modulada por segmento

PEQUENOS NEGÓCIOS	**MÓDULO PACOTE** VENDA DE PACOTES DE PRODUTOS ESTANDARTIZADOS	PARTICULARES DE RETALHO
PME	**MÓDULO CESTO** VENDA DE PRODUTOS AUTÓNOMOS MAS FACILMENTE RELACIONADOS	PARTICULARES DE SEGMENTO MÉDIO/ALTO
GRANDES EMPRESAS	**MÓDULO LIVRE** OFERTA DESCRICIONÁRIA	PRIVATE BANKING

O «módulo pacote» está particularmente direcionado para os clientes com menos necessidades (em diversidade e quantidade), onde se enquadram as pequenas empresas familiares (quase todas microempresas) e a grande massa dos particulares. Neste segmento, a oferta bancária deve comunicar com «packs» de produtos/serviços integrados; ou seja, para esta tipologia de cliente importa ter uma oferta standard e completa, que responda de uma só vez a todas as suas necessidades. O cliente tem num só ato de levar e usar e com isso ter a sua necessidade financeira/bancária suprida.

Por exemplo, se uma microempresa tem necessidade de abrir uma carta de crédito para importar uma determinada matéria-prima, o empresário estará interessado num «pack» completo que lhe permita no ato da abertura não ter de se preocupar com mais nada, como seja a constituição de um seguro para o transporte dessa importação e soluções de liquidação da respetiva carta de crédito. Neste exemplo, o «pack» seria constituído pelo CDI (crédito documentário de importação), pelo seguro de transporte (atividade de cross-selling), assessoria sobre a operacionalização do processo de importação via banco (desde a abertura do CDI até ao desalfandegamento do produto e liquidação da carta de crédito) e produto financeiro para pagamento do CDI quando este chegar à sua data de validade.

O mesmo acontece com os particulares no crédito à compra da habitação, onde o crédito hipotecário deve estar complementado com todos os seguros obrigatórios/necessários (vida, recheio da casa etc.) e, eventualmente, uma linha de crédito para despesas associadas à habitação a ser comprada (obras, compra de bens utilitários).

Para além do «pack» de produtos/serviços específicos, esta visão também enquadra outros módulos de oferta, como sejam os produtos integrados feitos à medida para classes profissionais (dentistas, contabilistas etc.) ou atividades económicas (medicina, restauração etc.). Um «pacote» pode ser feito, assim, à medida para um pequeno negócio de restauração (conta-corrente ou descoberto autorizado, terminal de pagamento automático, pagamentos e transferências por e-banking), que será necessariamente diferente do «pacote» feito para uma exploração agrícola (adiantamento de incentivos, apoio à certificação agrícola, à aquisição de equipamentos agrícolas, seguros vários).

Outro tipo de «pacote» possível e funcional é aquele que se alicerça em países (Angola, Moçambique etc.), espaços regionais (Magrebe, América Latina etc.) ou comerciais (UE, OCDE etc.). Neste caso torna-se, no entanto, fundamental o perfil internacional do banco, quer através de participações diretas ou acordos de colaboração, nos países ou blocos económicos para que se monta o «pack» específico.

O «módulo cesto», por sua vez, já não é tão estandardizado como o anterior. Os clientes para o qual está montado já têm algum nível de organização e sofisticação financeira, nomeadamente com uma estrutura de gestão financeira autónoma ou diferenciada. Este maior enfoque nas questões financeiras implica um maior grau de conhecimento das necessidades e, dessa forma, conduz a um maior cuidado na preparação das soluções bancárias mais eficientes (operacional e financeiramente). Neste quadro de maior elaboração pelas questões bancárias, também o «shopping-around» passa a ser uma prática corrente, com os clientes a proporem e a testarem por defeito as várias alternativas dos bancos parceiros.

A conceptualização de um módulo de oferta para esta tipologia de clientes deve passar por um conceito semelhante ao de um consumidor perante uma prateleira de supermercado: os vários produtos/serviços (mais ou menos) estandardizados encontram-se na paleta de oferta do banco e, em conformidade com a necessidade do cliente e a gestão comercial dele por parte do banco, serão selecionados aqueles que responderão de forma mais capaz ao propósito final do cliente. Ou seja, a partir da oferta base do banco, o cliente retirará para o seu «cesto» os produtos/serviços que lhe interessam.

Voltando ao nosso exemplo da abertura da carta de crédito, neste módulo será pueril acreditar que o grosso das empresas esteja interessado em não negociar separadamente a componente de crédito do seguro. De facto, as PME tenderão a escolher os produtos bancários em conformidade com a sua efetiva adequação às necessidades e a sua competitividade operacional e financeira. O «cesto» para a abertura de um CDI tenderá a ser de menor dimensão quanto ao número de produtos que integra, mas a crescer em valor acrescentado. Ou seja, o grau de exigibilidade da procura aumenta e com isso há uma maior intervenção não estandardizada e, logo, com um acrescento de mais-valia final e necessariamente de rentabilidade.

Deste modo, as PME tenderão a recorrer a vários interlocutores para concretizar a sua importação na perspetiva financeira e operacional (banco, seguradora/mediador, transitário), mas do banco exigirão uma estruturação da sua oferta menos simplificada. No caso vertente, e a título de exemplo, modelizou-se a oferta de crédito com a composição de uma linha multiproduto, integradora de um plafond para a abertura de cartas de crédito e de financiamento para a liquidação do CDI; isto é, o produto integrado permite um «revolving» perfeito das necessidades de financiamento da empresa, uma vez que transforma a responsabilidade do CDI num empréstimo a prazo fixo de forma automática e, desta forma, permite-lhe estender o prazo de pagamento do produto importado — acrescenta ao prazo decorrido do CDI o prazo estipulado para liquidar o empréstimo — e adequar a sua tesouraria ao efetivo ciclo do produto que só termina com o recebimento dos seus clientes. Em conclusão, o banco vende menos produtos, mas com maior valor-acrescentado.

Chegado às grandes empresas e aos particulares com elevadas fortunas, o nível de estandardização diminui radicalmente e aumenta o grau de interação entre a oferta do banco e a estrutura financeira da empresa e do indivíduo/família. Obviamente que nem todas as soluções terão de ser «taylor-made», mas mesmo uma simples conta-corrente tenderá a ter um nível de personalização qualquer. Neste contexto impera a customização de soluções, que estarão sempre ligadas às idiossincrasias das operações.

Finalmente, uma nota para sublinhar que a oferta modular apresentada só poderá funcionar em pleno se integrada numa plataforma de gestão interna de produtos/serviços, que, a partir dos três módulos apresentados (ou outros), capacite as ferramentas de gestão de limites de crédito da flexibilidade necessária a permitir aos clientes, sobretudo por via remota (mobilidade), gerir os produtos que têm contratados ao abrigo dos seus limites. A montante, com os sistemas operativos de gestão dos produtos de crédito, e a jusante com as plataformas de mobilidade, o banco tem de criar um todo integrado, para que a flexibilidade modular possa ser completamente exponenciada.

8.4. BANCA «PAPERLESS»

No contexto de mudança do paradigma e de redução drástica da rentabilidade do negócio, os vencedores serão aqueles bancos que melhor se adaptarem a uma política de estrutura de controlo de custos. A fórmula de ação encontra-se em oferecer níveis de serviço e eficiência cada vez melhores, desde o processo de abertura de contas sem transtornos até ao processamento de empréstimos com rapidez e de acordo com as normas regulamentares, ao mesmo tempo que se reduz consideravelmente os custos operacionais.

Acresce que as instituições financeiras lidam, cada vez mais, com uma elevada exigência nos seus processos de «back», «mid» e «front-office», com um número crescente de exigências regulatórias e problemas de gestão de risco.

Como resposta a estes desafios os bancos estão a desmaterializar os seus processos B2B e B2C, com a integração de novas aplicações orientadas para o cliente, bem como a utilização de tecnologias que substituem os canais de interação tradicionais, por forma a otimizar e a desmaterializar os processos-chave, integrando-os com as principais funções bancárias do dia a dia e com as aplicações centrais existentes, tais como a abertura de contas, a gestão de informação de clientes, a emissão de cartões bancários e processamento de cheques, as transferências de dinheiro, fluxos de trabalho para a aprovação de crédito, subscrição de serviços digitais etc.

Trata-se de soluções que auxiliam as instituições financeiras a reduzir o risco operacional e a aumentar a eficiência e a produtividade dos processos bancários diários; para além disso, oferecem também uma estrutura técnica que reúne todos os processos bancários, unindo-os numa única ferramenta de software, de fácil utilização, que liga as operações de «front-end» e «back-end» de forma segura. Deste modo, os bancos evitam a gestão manual dos processos em vários sistemas, que geralmente resultam em dados inconsistentes, erros e tempos de resposta mais lentos.

Neste processo de banca «paperless» é crítica a uniformização de fluxos de trabalho configuráveis, possibilitando a redução de erros, a eliminação de tarefas duplicadas, o aumento da transparência dos processos e a melhoria do tempo de resposta, bem como a massificação da digitalização de documentos arquivados, o que significa que os documentos bancários podem ser centralizados num único sistema, facilitando a sua pesquisa. Estas soluções facultam ainda recursos que melhoram a segurança bancária, contribuindo para a prevenção de fraudes, organizando as autorizações digitais, bem como as regras de acesso a todos os processos bancários seguros e rastreáveis.

Muito importante para o negócio: tudo isto simplifica e acelera as operações de venda, fornecendo um «front-end» unificado, com redução do número de sistemas implementados e da diferença entre os sistemas, aumentando, por sua vez, o controlo dos processos e a sua visibilidade, o que permite a monitorização dos indicadores de qualidade do serviço. São, portanto, plataformas dinâmicas que fornecem uma visão 360° das métricas de informação dos clientes, exibindo medidas-chave de sucesso em «dashboards» e relatórios de fácil leitura e interpretação.

8.4.1. A ABERTURA DE CONTA SEM ATRITOS

A abertura de uma nova conta bancária é um processo lento e penoso, que envolve o preenchimento de fichas sem fim, verificar e arquivar uma pilha de documentos pessoais, de comprovativos de profissão e de residência.

Trata-se, por isso, de um processo ineficiente, caro, propenso a erros e, sobretudo, uma forma pouco amigável de se iniciar um relacionamento.

Nesta economia digital começam a surgir várias soluções de desmaterialização do processo, mantendo o rigor e o cumprimento legal do processo. A abertura de novas contas de clientes e os documentos de comprovação podem ser capturados independentemente de sua origem — incluindo dispositivos móveis, portais da Internet, «scanners», existindo softwares que extraem e garantem a validade do conteúdo.

Deste modo, o primeiro contacto com o cliente passa a ser mais ágil e eficiente e, sobretudo, capaz de integrar automaticamente a informação fundamental da abertura de conta nos sistemas de gestão de negócio do banco; ou seja, a informação realizada pelo processo de abertura de conta pode ser integrada e criar de imediato programas de vendas e marketing direcionado de alto impacto. Obviamente que um impacto igualmente importante dá-se ao nível da redução do uso intensivo de mão-de-obra na ativação de novos clientes, logo de custos, com esta utilização de tecnologias avançadas de captura de informação, classificação automática e fluxo de trabalho.

FIGURA 51: **A digitalização vai revolucionar o lento processo de abertura de conta**

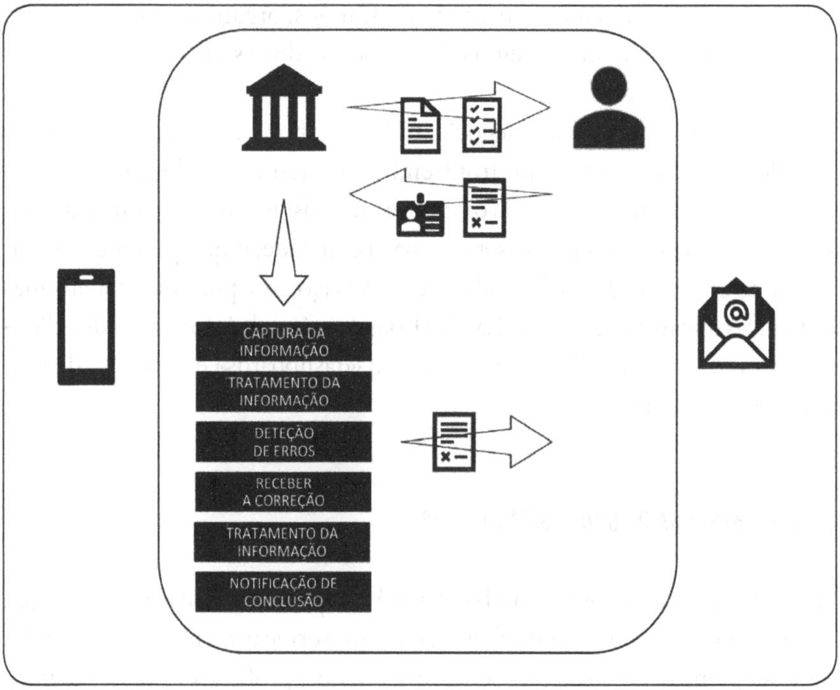

Do ponto de vista do «compliance» há também uma redução do risco e promoção da conformidade legal, pois os sistemas informáticos fechados garantem a precisão das informações com tecnologias de extração, classificação e transformação de dados sem intervenção manual. Os documentos são rastreados para cumprir todas as normas sectoriais, reduzindo o risco e a perda de dados com uma gestão centralizada das informações confidenciais do cliente.

Estima-se que até 90% dos novos clientes abandonam o processo de abertura de conta antes de preencher os formulários até ao fim, sendo o custo médio de configuração e manutenção de uma nova conta superior a 300 euros por ano. Ora os processos manuais com base em papel, como o cadastramento de novas contas, podem custar 20 vezes mais do que o processamento de documentos eletrónicos.

8.4.2. PROCESSAMENTO DE CRÉDITO NA HORA

O êxito na concessão de financiamentos depende cada vez mais do tempo de resposta do banco aos seus clientes. Aliás, existem muitos clientes (empresas ou indivíduos) que estão dispostos a aceitar um preço mais alto desde que a resposta seja rápida. Contudo, os bancos ainda têm grandes problemas em adequar o produto crédito a uma realidade «just-in-time», uma vez que se estima que apenas metade das transações que um processo de crédito induz tem atualmente um processamento totalmente eletrónico. Desta forma, um dos focos dos bancos está em encontrarem soluções que, de uma maneira segura e confiável, capturarem os pedidos de financiamento no ponto de entrada e os processe no prazo esperado. E aqui entram em ação as plataformas digitais que permitem automatizar o processo, desde o recebimento do pedido de crédito (ainda que por via manual, por exemplo, fax) até à confirmação e transferência para o cliente, com um registo de auditoria completo para cumprir padrões de segurança, conformidade e qualidade.

Note-se que estas soluções não são meras digitalizações de dados de pedidos recebidos via manual, que podem também incorrer em atrasos e erros, mas antes em capturas automáticas no ponto de entrada dos documentos através de mensagem tipo SWIFT MT402, MT509 e MT515 e informações importantes como o número ISIN, que são extraídas e validadas para garantir que apenas os pedidos corretos e completos são processados. Os dados necessários são convertidos e transcritos no formato SWIFT (ISO 15022, ISO 2022 ou qualquer outro formato XML) antes do envio da confirmação do pedido de financiamento (MT502, MT509, MT515 etc.). Trata-se, pois, de um processo automático que aumenta a precisão e a eficiência do processo e reduz consideravelmente custo e risco.

Tal como acontece com o processo de abertura de conta, também a concessão de crédito vai beneficiar em muito com a digitalização/desmaterialização de todo o processo, desde a captura do negócio até à sua verificação e transferência de fundos para o beneficiário final.

Este passo vai ser crítico, em particular, para um dos financiamentos mais importantes no negócio bancário: o crédito hipotecário, que representa cerca de 50% das carteiras de crédito dos bancos nacionais.

De facto, apesar da dimensão do crédito imobiliário, o digital ainda está longe de ter encurtado o tempo de concretização do negócio, não tendo mudado muito nestes últimos 20 anos. Por isso não surpreende o surgimento de várias start-ups direcionadas especificamente para este segmento do mercado bancário, que continua a ser muito rentável e objeto de particular atenção pelos banqueiros. E a intervenção destas fintechs está-se a fazer sentido em vários pontos do processo de concessão de crédito, utilizando processos digitais para a originação, subscrição, manutenção/gestão, investimento e desembolso. Mas mais, dada a referida rentabilidade do negócio, estão cada vez mais a entrar novos «players» (fora dos bancos clássicos) no segmento: nos Estados Unidos empresas como a Quick Loans já estão no top 10 dos principais credores de novos empréstimos hipotecário, competindo diretamente com a Fannie May e a Freddie Mac.

Os incumbentes, forçados ou não, reconhecem que devem melhorar os processos arcaicos, pois mais importante que a pressão colocada pelos concorrentes digitais é a expectativa formada pelos clientes (e não só «millennials») quanto ao processo transacional, na medida em que esperam um processo de empréstimo (quase) integralmente digitalizado. Para além disso, em paralelo, o digital reduz custo operacionais, que alavancam mais ainda o negócio hipotecário.

A consultora CB Insights estima que o custo médio originar e processar um empréstimo hipotecário ascende a cerca de seis mil euros, em processos com mais de 400 páginas e com a intervenção humana de cerca de 25 colaboradores, dos quais cerca de 4500 euros podem ser atribuídos aos custos de processamento manual. Em termos médios a CB Insights estima que todo o processo de crédito à habitação demore cerca de 50 dias a concretizar-se!

O investimento neste negócio urge fazer-se voltado, sobretudo, para a digitalização das operações de «back-office» dos credores, através de uma melhor recolha dos documentos (formas de reconhecimento digital), utilização de formulários digitais, sistemas de CRM e recurso à assinatura eletrónica.

9
Segurança na era digital

Como vimos ao longo deste livro, como parte da transformação digital, o setor financeiro está, cada vez mais, a encarar os sistemas de TI e a utilização de aplicativos para smartphones e tablets como um investimento substancial para alavancar o seu crescimento futuro e a rentabilidade do seu negócio.

Estes novos canais digitais tornam mais fácil a interação e a realização das atividades bancárias dos seus clientes, oferecendo uma maior fiabilidade e eficiência nos processos em toda a cadeia do negócio. No entanto, se uma solução traz consigo o potencial de apresentar falhas de segurança, rapidamente se torna inútil e pode pôr em causa todo o negócio/instituição. Neste sentido, é crucial garantir os mais altos níveis de segurança para que a resposta aos requisitos seja bem-sucedida e para que a revolução digital tenha a sua passadeira vermelha imaculada.

Por isso, há uma série de prioridades que os bancos devem atender, num mercado cada vez mais cibernético e onde é crucial estar permanentemente em conformidade com os regulamentos em vigor. Estas duas prioridades estão muitas vezes intrinsecamente ligadas e, por isso, devem ser abordadas como uma.

A crescente adoção de serviços em «cloud» trouxe grandes benefícios, permitindo que as empresas escalem mais rapidamente os seus negócios, utilizando tecnologia de ponta sem necessidade de fazer elevados investimentos; contribuindo para uma vantagem competitiva face à concorrência, mas trazendo e mantendo em pano de fundo ameaças cada vez mais sofisticadas de segurança cibernética e obrigações de «compliance» complexas. Ou seja, as soluções tecnológicas também trouxeram um agudizar da gestão da segurança corporativa, que se multiplica numa variedade de aplicativos e infraestrutura.

A tecnologia de limpeza remota é ideal. A gravação das comunicações introduzida pela MiFID II implica que as empresas devem apenas permitir que os funcionários usem dispositivos aprovados pela empresa. A criptografia de dados online ou o acesso VPN móvel também podem proteger os dados. As soluções vão aparecendo para mitigar o problema da segurança.

9.1. IDENTIDADE DIGITAL

A falta de uma identidade digital continua a ser uma limitação para o desenvolvimento das novas soluções eficientes, seguras e de base digital, por parte das fintechs eficientes. De facto, apesar de muitas das fintechs já terem ofertas digitais puras, o processo de identificação dos utilizadores finais obriga-as constantemente a usarem canais físicos.

A identificação é um elemento fundamental para muitas das transações que ocorrem a vários níveis da sociedade de hoje. Em qualquer troca com requisitos sobre as partes envolvidas numa transação devem existir estruturas que permitam às entidades determinar se as informações sobre a sua contraparte são verdadeiras.

A inexistência de um sistema de identificação fiável curto circuita a confiança na realização de qualquer negócio. Desde logo, os serviços entregues serão ineficientes, pois os processos de validação que enfrentam o utilizador serão necessariamente complicados, resultando numa fraca experiência para o cliente; por outro lado, a falta de informações confiáveis impede as empresas de calcular com precisão o efetivo risco de negócio. Neste contexto, a fraude é também mais provável.

Deste modo, a identificação fidedigna é fundamental para as instituições financeiras, pois os seus negócios são inteiramente baseados em transações (maioritariamente de alto grau de risco) que exigem um elevado grau de certeza na conclusão. Problemas globais de identidade, portanto, manifestam-se como problemas de negócios específicos para instituições financeiras.

A dependência de protocolos de identidade física introduz ineficiência e erro nos processos digitais, pelo que a identidade digital é crítica para melhorar os principais processos de serviços financeiros e abrir novas oportunidades de negócio. Acresce que os atuais sistemas de identidade física colocam os utilizadores em risco, devido à sobreposição de informações e ao alto risco de perda de informação ou roubo.

Os atuais sistemas baseiam-se em documentos, em registos físicos, onde a capacidade de provar a identidade depende do acesso e autenticação desses documentos (por exemplo, passaportes e cartão de identificação/cidadão); para além disso, são inflexíveis, ou seja, os documentos têm um conjunto limitado e padronizado de informações sobre uma entidade que não pode ser facilmente adaptada aos requisitos de múltiplas transações. E como pano de fundo mantém-se o risco de fraude desses mesmo documentos.

Os sistemas de identificação estão agora num ponto de inflexão: os físicos estão a ser substituídos por digitais. A identificação física foi projetada para permitir transações «cara-a-cara» entre entidades, enquanto a identificação digital permite transações no mundo digital e oferece funcionalidades melhoradas para os utilizadores. A economia digital é consequência e a

FIGURA 52: Características de um sistema de identificação digital forte

principal impulsionadora desta transformação, ou seja, os sistemas de identificação digital surgem como uma resposta direta aos requisitos das transações realizadas no mundo digital.

No digital a identificação ocorre como um conjunto de registos digitais, que o utilizador pode controlar e usar, para concluir transações. É uma identificação interconectada, na medida em que a prova de identidade pode ser comunicada entre entidades e num formato digital padronizado.

Um sistema de identificação digital possui a mesma estrutura básica de um sistema físico, mas o armazenamento e troca de atributos são inteiramente digitais, eliminando a dependência de documentos físicos e processos manuais. Mas tal só funcionará em ambiente de segurança estrita, protegida de danos, adulteração, perda e roubo, com infalíveis protocolos de autenticação e proteção. E aqui, tal como nas soluções de oferta e organização, a tecnologia será crítica: novas tecnologias podem oferecer métodos avançados para armazenar as informações do utilizador e aumentar o controlo, privacidade e segurança; os protocolos criptados de troca de atributos permitem que as informações sejam partilhadas com segurança entre os vários pontos da transação sem risco de interceção ou descriptografia.

De ente as várias soluções que começam a surgir no mercado, destacam-se cinco:

- Sistemas internos de gestão de identificação, onde a mesma entidade atua como um «identity provider» (IdP)[29] e um «relying party» (RP)[30], ou seja, a entidade utiliza a informação que possui dos utilizadores para, com a permissão deles, aceder a vários serviços;
- Sistemas de autenticação externa, onde a entidade também atua em simultâneo como IdP e RP, mas utiliza um conjunto externo adicional de IdP para autenticar os seus utilizadores;
- Sistemas de identificação centralizados, onde uma única entidade atua como um IdP que autentica os utilizadores para RP e transfere os seus atributos;

---

[29] Entidades que possuem os atributos dos utilizadores, atestam a sua veracidade e as transações em seu nome.
[30] Entidades que aceitam a validação dos IdP sobre a identidade do utilizador para permitir que estes acedam aos seus serviços.

- Sistemas de autenticação federados, onde um IdP usa um conjunto de terceiros para autenticar os utilizadores de uma série de RP; o IdP primário é a entidade que armazena e transfere os atributos do utilizador;
- Sistemas de identificação distribuídos, onde existem muitos IdP que captam, armazenam e transferem atributos de utilizadores para muitos RP.

De entre estas várias soluções não existe uma melhor ou mais adequada do que a outra, tendo de ser ajustadas às características e infraestruturas existentes na instituição financeira. Importa sim é que qualquer que seja a solução de identificação digital adotada, a mesma cumpra a todo o tempo a privacidade dos utilizadores, lhe dê sempre o arbítrio de determinar quem acede à informação e que seja um sistema construído sob padrões abertos, para permitir ganhos de escala e desenvolvimentos futuros.

Os sistemas de identificação que sejam construídos com base nas orientações atrás indicadas, irão gerar benefícios tanto para as partes interessadas e envolvidas diretamente na rede de identificação (instituições financeiras e clientes) quanto para as partes interessadas externas (reguladores, supervisores e Estado).

9.2. CIBERSEGURANÇA

De acordo com a consultora, 78% das empresas em todo o mundo sofreram pelo menos um ataque informático nos últimos dois anos, sendo que 92% desses ataques aconteceram devido a falhas de segurança internas.

Estão bem presentes na nossa memória vários ataques de «hackers» a importantes multinacionais[31], com o propósito quase sempre de roubar

---

[31] Exemplos recentes: 1) em setembro de 2017 a Deloitte sofreu uma intrusão no servidor interno da empresa, pondo em risco informação sobre os seus clientes; 350 clientes foram efetivamente afetados, incluindo vários departamentos de Estado norte-americanos, as Nações Unidas e algumas das maiores empresas mundiais; 2) «The mother of all hacks» ocorreu com a Equifax, entre maio e julho de 2017 (só tornado público em setembro), sendo a maior violação de dados até à data, ao afetar mais de 140 milhões de clientes (Estados Unidos, Reino Unido e Canadá); como resultado deste ataque, as ações da Equifax caíram imediatamente 34% após a notícia ser publicitada; 3) Em agosto de 2017 roubaram à HBO 300 GB de dados de programas ainda não estreados (incluindo a série *A Guerra dos Tronos*)

dados dos seus clientes — desde 2013, mais de nove mil milhões de registos foram roubados globalmente e quase dois mil milhões foram violados apenas no primeiro semestre de 2017 —, pelo que não subsiste qualquer dúvida de que a segurança cibernética já está hoje em dia no topo das preocupações da maioria das empresas do mundo.

A preocupação não é para menos, pois a pressão não tende a diminuir, face aos milhões e milhões de novos dispositivos que todos os anos se ligam à Internet — na IoT estima-se que em 2020 estejam conectados cerca de 20 mil milhões de aparelhos —, os especialistas preveem que o cibercrime tenha causado 450 mil milhões de dólares de custos à economia mundial em 2016, devendo esse número aumentar para seis mil biliões até 2021.

O impacto potencial de um ataque cibernético em larga escala é maior do que nunca, resultado do facto de 80% do valor das empresas que compõem o Fortune 500 dependerem da propriedade intelectual e de outros ativos intangíveis. De acordo com um relatório conjunto da Lloyd's e da Cyence, um único ciberataque em larga escala poderia causar até 53 mil milhões de dólares em prejuízos, o que é comparável ao impacto de um desastre natural. Por isso, não surpreende que para os especialistas em segurança nacional a maior ameaça que o mundo enfrenta não é o terrorismo (26,3%) mas sim uma guerra cibernética (45,1%).

As empresas estão mais focadas do que nunca em protegerem-se e aos seus dados de ameaças cada vez mais avançadas e complexas. Numa pesquisa de 2017 feita pela Marsh LLC e pela Microsoft, 78% dos CEO e CTO das maiores empresas europeias planeiam aumentar os custos com gestão de risco cibernético nos próximos 12 meses — as despesas globais em segurança cibernética deverão crescer a uma média de 9,5% e atingir a cifra de 200 mil milhões de dólares em 2021. Como resultado, o setor de segurança cibernética continua em forte ascensão.

As palavras de ordem são «security analytics», «threat intelligence», «cloud security» e «mobile security».

---

e de documentos internos confidenciais; o hacker, autodenominado «Mr. Smith», pediu um resgate de vários milhões de dólares; 4) Em novembro de 2017, a Uber tornou público que em outubro de 2016 a sua base de dados de clientes foi violada, tornando pública informação de 57 milhões de clientes a nível mundial, incluindo de 600 mil condutores da empresa nos Estados Unidos.

Com o multiplicar dos postos de trabalho móveis e ambientes «cloud», as empresas financeiras podem esperar a qualquer momento sofrer ataques de hackers em sistemas que possuem dados de clientes ou ataques em que os sistemas de negociação são manipulados para obter ganhos financeiros ou simplesmente causar perturbações. A proteção, por sua vez, cada vez mais passa por uma estratégia de segurança cibernética em várias camadas, com firewalls de próxima geração e o software AV atualizado permanentemente. A IA também tem aqui um papel crucial, como um método para detetar novas ameaças, lidar com um grande volume de ameaças emergentes e, sobretudo, permite que a tecnologia aprenda com as ameaças conhecidas e identifique características partilhadas que possam indicar uma nova ameaça.

As chamadas falsas e os e-mails de «phishing» enviados aos colaboradores, que contêm «malware», são mais difíceis de mitigar e exigirão as defesas tradicionais de segurança cibernética, combinadas com formação robusta para esses funcionários. A autenticação multifatorial, de preferência contendo autenticação biométrica, é também essencial para tentativas fraudulentas de violação de segurança.

A análise preditiva pode monitorizar e agregar o comportamento dos funcionários e acionar alertas se ocorrerem um ou mais comportamentos anómalos, como sejam a ocorrência de um maior número de downloads, criptografia de dados, acesso à rede a partir de servidores que não foram reconhecidos anteriormente.

Esta questão torna-se ainda mais importante a partir deste ano de 2018, com a entrada em vigor do Regulamento Geral de Proteção de Dados (RGPD)[32], que estabelece requisitos rigorosos sobre como os dados pessoais são processados e armazenados nos seus sistemas como ERP, CRM ou DMS.

De acordo com a legislação, consideram-se dados pessoais quaisquer informações relativas a uma pessoa individual identificada ou identificável através das mesmas (identificável «por referência a um número de identificação ou a um ou mais elementos específicos da sua identidade física, fisiológica, psíquica, económica, cultural ou social»). Os cidadãos vão poder exigir às empresas que eliminem os respetivos dados pessoais, permitindo que os dados pessoais de cada cidadão sejam destruídos por sua solicitação.

---

[32] Regulamento (UE) 2016/679 do Parlamento Europeu e do Conselho de 27 abril de 2016 sobre a proteção de pessoas físicas no que diz respeito ao processamento de dados pessoais e sobre a livre circulação de tais dados.

As pessoas poderão passar a exigir às empresas que lhes enviem os seus dados pessoais num formato que permita que sejam enviados para outra empresa, facilitando a sua migração e tornando mais simples a mudança de prestação de serviços. Assim, sempre que um cliente mudar de banco, não terá de fornecer novamente os seus dados pessoais, pois estes podem ser facilmente migrados de uma empresa para outra. Relativamente ao relacionamento online com clientes, os sistemas das empresas deverão expor as políticas de privacidade numa linguagem clara e objetiva, e o consentimento do tratamento dos dados por parte dos cidadãos deverá ser guardado para servir como prova de consentimento livre e inequívoco.

Nesta medida, a cibersegurança deve acautelar também a inviolabilidade dos dados pessoais dos clientes, para um absoluto cumprimento das disposições legais impostas pelo RGPD. De facto, o RGPD vai impulsionar o investimento de TI das empresas portuguesas, sendo que em média as grandes organizações preveem gastar entre 75 mil a 125 mil euros em «compliance» com o RGPD, com a TI e a segurança a serem as principais áreas de investimento.

Seguindo esta tendência de reforço regulatório, o relatório IDC FutureScapes 2018 prevê que, em 2019, 75% dos CIO irão focar as suas preocupações de cibersegurança em autenticação e confiança para controlar os riscos de negócio, começando a descontinuar e substituir os sistemas que não consigam garantir a proteção de dados.

Seja qual for o cenário que se impuser no desenvolvimento futuro do negócio bancário, o risco cibernético vai aumentar, e todas as novas tecnologias e modelos de negócios podem aumentar esse risco se a gestão de risco não acompanhar essa mudança. O aumento da interconectividade entre os «players» do mercado pode gerar benefícios para os bancos e para os consumidores, ao mesmo tempo que aumentam os riscos de segurança. A dependência mais pesada das API, da computação em nuvem e de outras novas tecnologias, facilitando o aumento da interconectividade com agentes ou setores não sujeitos a medidas regulatórias equivalentes, podem tornar o sistema bancário mais vulnerável a ameaças cibernéticas e expor grandes volumes de dados sensíveis a possíveis violações. Isto enfatiza a necessidade de bancos, fintechs e supervisores promoverem a necessidade de se investir fortemente na cibersegurança.

9.3. REGTECH

A sustentabilidade da atividade bancária passa pelo desenvolvimento das operações que está legalmente autorizada a praticar, mantendo uma sólida estrutura de capitais, capaz de responder ao crescimento da atividade e que se mostre adequada ao seu perfil de risco. A proteção dos depositantes, acionistas e credores só é garantida caso a solvabilidade do banco nunca esteja em causa.

Para a prossecução deste objetivo de gestão os bancos estão hoje, e cada vez mais, obrigados a cumprir com as exigências regulamentares estabelecidas pelas autoridades de supervisão. E se a crise financeira e bancária do final da primeira década do século aumentou o rigor regulador sobre o negócio clássico da banca, com o dealbar das fintechs e das criptomoedas esse fervor supervisor tenderá a adensar-se mais ainda.

De facto, o aumento dos níveis de regulação e as expectativas regulatórias mais desafiadoras estão a ter impactos operacionais significativos nos bancos, com custos já elevados e em crescendo. Até agora, os bancos têm respondido a este desafio megalómano com a construção de soluções internas, mas a tecnologia necessária pode potencialmente acabar por custar infinitamente mais do que qualquer outra solução tecnológica para o negócio, a que acresce os custos de implementação.

Foi neste contexto que começaram a aparecer abordagens padronizadas, com base num conjunto de controlos que são parametrizados para atender às especificidades dos diferentes conjuntos de dados, mas que em vez de implementarem novas regras para cada conjunto de dados reduzem drasticamente os custos de implementação. Além disso, permitem uma abordagem muito mais sistemática para o controlo de qualidade.

Na base do desenvolvimento desta tecnologia de controlo regulatório está um segmento do negócio das fintechs, as denominadas «RegTechs» (Regulatory Technology): fintechs que se concentram no desenvolvimento de tecnologia que pode facilitar a entrega de requisitos regulatórios de forma mais eficiente e efetiva do que as atuais capacidades existentes.

De facto, faz todo o sentido digitalizar e aplicar técnicas de ML a uma indústria que tem cerca de 200 alterações regulatórias por dia e que até agora tem tratado esta informação quase de forma manual. Estima-se que alguns dos grandes bancos a nível mundial gastem anualmente mais de mil milhões de dólares em regulação, pois têm bem gravado nas suas memórias que, desde o início da crise, os bancos americanos já pagaram cerca de 200 mil milhões de dólares em multas.

A RegTech pode resultar em novos processos, novos canais de distribuição, novos produtos ou novas organizações empresariais que ajudam os bancos a cumprir os requisitos regulamentares e gerir o risco de forma mais eficaz e eficiente, abrindo oportunidades para a transformação digital de funções de controlo e suporte dentro dos bancos (risco, compliance, legal, finanças, TI). A sua área de ação é vastíssima, abordando uma ampla gama de requisitos relacionados com relatórios regulatórios, crimes financeiros, riscos operacionais (incluindo cibersegurança e fraude), proteção de consumidores e regulação de proteção de dados.[33]

FIGURA 53: **Benefícios diretos das RegTech**

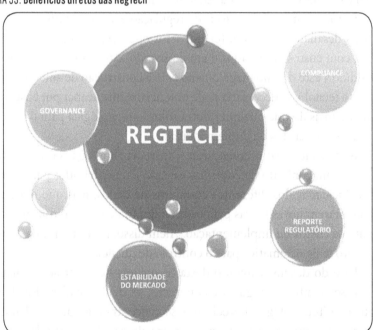

---

[33] Exemplos nestes domínios já existem no mercado, como é o caso da solução Abacus, da BearingPoint, para estar em conformidade com os requisitos de relatórios de supervisão no Espaço Euro e as soluções de «KYC — Know Your Customer», da Trulioo e Qumran, no Canadá e na Suíça, respetivamente, para o cumprimento das regras de combate à lavagem de dinheiro e financiamento ao terrorismo.

A principal diferença entre as soluções tradicionais em relação às soluções da era RegTech é muito simples: agilidade. Embora as soluções tradicionais sejam robustas e projetadas para entregar os seus requisitos especificados, podem ser inflexíveis e exigem desenvolvimentos constantes ou configurações para enquadrar as sucessivas alterações. As RegTechs movimentam-se na área da IA, explorando técnicas avançadas de análise e avaliação. Da mesma forma que as redes neurais ajudaram a prever a fraude ou o comportamento do cliente, as RegTechs apoiam-se na automação para avaliar imediatamente os impactos da nova regulamentação no contexto do banco.

Assim, a curto prazo, as RegTechs vão-se impor na automatização das tarefas de «compliance» e, dessa forma, reduzir os riscos operacionais associados ao cumprimento das obrigações de conformidade e relatórios. Estima-se que o mercado total das Regtechs atinja os 6,45 mil milhões de dólares em 2020, crescendo a uma taxa média anual de quase 80%.

Noutra ótica de abordagem da questão das RegTechs, importa sublinhar que as ações de «compliance» dependem também da segurança cibernética. Aliás, muitos dos maiores desafios regulatórios têm um elemento intrínseco de segurança cibernética, sendo a proteção de dados uma grande preocupação, como atesta a entrada em vigor da DMIF II. Os bancos devem poder provar que tomaram todas as medidas necessárias para proteger os dados dos seus clientes e garantir que não permitiram a ocorrência de uma violação de segurança.

Os principais objetivos da DMIF II passam por dar aos clientes o controlo dos seus dados pessoais e simplificar o ambiente regulatório para negócios internacionais, unificando o regulamento dentro da UE. Embora o RGPD seja um regulamento europeu, qualquer empresa que forneça bens ou serviços a um cliente na UE também está sob a sua alçada. O cumprimento do RGPD significa que as empresas devem informar o indivíduo de que os seus dados serão coligidos e identifica a razão para o seu uso, além dos riscos, regras e direitos em relação ao processamento desses dados. As empresas devem apenas manter os dados pessoais por tempo limitado, apagar ou rever os dados no final do período de tempo atribuído.

Para as empresas financeiras, que têm a obrigação de recolher dados pessoais para cumprimento, sobretudo, dos regulamentos de prevenção do branqueamento e do financiamento ao terrorismo na intermediação financeira, e orientação sobre a adequação do investidor para os diferentes instrumentos financeiros oferecidos, a entrada em vigor da DMIF II em pleno será onerosa.

BIBLIOGRAFIA

ALCARVA, Paulo (2017): *O Financiamento Bancário de PME*, Actual Editora.
ALCARVA, Paulo (2011): *A Banca e as PME*, Vida Económica Editora.
ALMEIDA, Miguel Santos (2015): *Introdução à Negociação de Alta Frequência*, CMVM.
ATHEY, S, C Catalini and C Tucker (2017): «The digital privacy paradox: small money, small costs, small talk», Stanford University Graduate School of Business, Research Papers, 17-24.
Bank of Canada (2015): «White paper on Project Jasper».
Bank of England (2017): «Bank of England extends direct access to RTGS accounts to non-bank payment service providers», *press release*, 19 julho.
BECH, M, Shimizu, Y. e Wong, P. (2017): «The quest for speed in payments», BIS Quarterly Review, março, 57-68.
BENOS, E., Garratt, R. e Gurrola-Perez, P. (2017): «The economics of distributed ledger technology for securities settlement», Bank of England, Staff Working Papers, 670, agosto.
BOLT, W. e van Oordt, M. (2016): «On the value of virtual currencies», Bank of Canada, Staff Working Papers, 42, agosto.
BORDO, M e Levin, A. (2017): «Central bank digital currency and the future of monetary policy», NBER Working Papers, nr. 23711, agosto.
BROADBENT, B. (2016): *Central banks and digital currencies*, London School of Economics, março.
BURNISKE, Chris (2017): *The Crypto J-Curve*, Medium.
BURNISKE, Chris (2017): *Bitcoin: ringing the bell for a new asset class*, Ark Invest Research, janeiro.
CB Insights (2017): «What is Blockchain Technology?».

CB Insights (2018): «Banks In Fintech: What's Ahead In 2018».
CHAPMAN, J., Garratt, R., Hendry, S., McCormack, A. e McMahon, W. (2017): «Project Jasper: are distributed wholesale payment systems feasible yet?», Bank of Canada, Financial System Review, junho, 1-11.
CHAUM, D. (1983): «Blind signatures for untraceable payments», Advances in Cryptology, proceedings of Crypto '82, 199-203.
Committee on the Global Financial System (2015): «Central bank operating frameworks and collateral markets», CGFS Papers, nr. 53, março.
Committee on Payment and Settlement Systems (1997): «Real-time gross settlement systems», março.
Committee on Payments and Market Infrastructures (2015): «Digital currencies», novembro.
Deloitte (2017): «RegTech is the new FinTech: How agile regulatory technology is helping firms better understand and manage their risks».
Deutsche Bundesbank (2016): «Joint Deutsche Bundesbank and Deutsche Börse "blockchain" prototype», November.
DINTRANS, P., Bahl, M. e Anand, A. (2017): «The Work Ahead for Banking and Financial Services», Cognizant, fevereiro.
Disruptive Finance (2017): «Why Fintech is an opportunity we might not see again...», blog, outubro.
European Central Bank (2012): «Virtual currency schemes», outubro.
Finder.com.au. (2017): «Where does my money go? Interchange fees explained».
FRANKEL, Jeffrey (2017): «Why Financial Markets Underestimate Risk», Project Syndicate, setembro.
GARRATT, R. e Wallace, N. (2016): «Bitcoin 1, Bitcoin 2: an experiment in privately issued outside monies», University of California, Santa Barbara, Department of Economics, Departmental Working Paper, outubro.
Harvard Business Review (2016): «How Artificial Intelligence Will Redefine Management».
HOWKINS, J. (2001): «The creative economy: how people make money from ideas», Penguin.
IBM (2017): «Omnichannel banking: From transaction processing to optimized customer experience», junho.
IFC (2017): «Blockchain: Opportunities for Private Enterprises in Emerging Markets», outubro.
KAHN, C., McAndrews, J. e Roberts, W. (2005): «Money is privacy», International Economic Review, vol 46, nr. 2, 377-99.

KING, Brett (2017): «Bank Products Are Dead. Long Live Experiences!», blog, janeiro.

KLEIN, B. (1974): «The competitive supply of money», Journal of Money, Credit and Banking, vol 6, nr. 4, 423-53.

KOCHERLAKOTA, N. (1998): «Money is memory», Journal of Economic Theory, vol 81, nr. 2, 232-51.

KPMG (2016): «The Profitability of EU Banks — Hard Work or a Lost Cause?».

LINNEMANN, Morten e Garratt, Rodney (2017): «Central Bank Cryptocurrencies», BIS, setembro.

LIETAER, Bernard e Dunne, Jacqui (2013): «Rethinking Money», McGraw-Hill.

MAINELLE, M. e Milne, A. (2016): «The impact and potential of "blockchain" on the securities transaction lifecycle», SWIFT Institute Working Papers, nr. 7.

MCANDREWS, J. (2017): «The case for cash», Asian Development Bank Institute Working Paper Series, p. 679.

MCKINSEY (2017): «White House Office of Consumer Affairs».

MIT Sloan Management Review (2017): «Are You Ready for Robot Colleagues?»

MOTAMEDI, S. (2014): «Will bitcoins ever become money? A path to decentralised central banking», Tannu Tuva Initiative, blogpost.

NAKAMOTO, S. (2009): «Bitcoin: a peer-to-peer electronic cash system».

PINTO, João e Aves, Paulo (2016): «The economics of securitization: evidence from the European Market», Investment Management and Financial Innovations, Volume 13, Issue 1.

Ripple (2016): «The Banker's Guide to Blockchain for Global Payments», December.

REES, Matt (2017): «The digital economy and the Fourth Industrial Revolution», EIB, outubro.

ROETS, Martin (2014): «Driving Digitization in Retail Banking», blog, maio.

Santander InnoVentures (2015): «The Fintech 2.0 Paper: rebooting financial services».

TOLLE, M. (2016): «Central bank digital currency: the end of monetary policy as we know it?», Bank Underground, blogpost, julho.

World Economic Forum (2015): «The Future of Financial Services How disruptive innovations are reshaping the way financial services are structured, provisioned and consumed», junho.

World Economic Forum (2016): «A Blue Print for Digital Identity: The Role of Financial Institutions in Building Digital Identity», agosto.

YERMACK, D. (2015): «Is Bitcoin a real currency?», in D Lee (ed), The Handbook of Digital Currency, Elsevier, 31–44.